DIE WEISSE SCHLANGE

Mythen, Märchen und Legenden aus China
und ihre kulturellen Bedeutungen

erzählt von

Min Wang

unter Mitarbeit von
Franz König und Felix Winter

Impressum

Text: Nacherzählt und übersetzt von Prof. Min Wang unter Mitarbeit von Felix Winter und Franz König
Kalligrafien: Prof. Min Wang
Covergestaltung: Hermann Kienesberger
Layout und Satz: Nora Frisch
Redaktion: Nora Frisch
Lektorat: Barbara Ladenbauer, Nora Frisch

Bibliografische Information der Deutschen Nationalbibliothek: Die Deutsche Nationalbibliothek verzeichnet diese Publikation in der Deutschen Nationalbibliografie; detaillierte bibliografische Daten sind im Internet unter http://dnb.dnb.de abrufbar.

3. Auflage 2025

Gedruckt in Polen auf FSC®-Papier.

ISBN: 978-3-943314-41-0

Besuchen Sie uns:
www.drachenhaus-verlag.com
www.instagram.com/drachenhaus.verlag
www.facebook.com/drachenhaus

INHALT

Geschichten mit Bezug zu Buddhismus und Daoismus

VORWORT

Wer die Mentalität eines fremden Landes besser verstehen will, tut gut daran, sich mit dessen geistigen Wurzeln zu befassen. Dazu gehören zweifelsohne die Mythen, Märchen und Legenden, die von der jeweiligen Kultur hervorgebracht wurden. China besitzt einen riesigen Schatz davon. Aus dieser Fülle an Geschichten haben wir einige sehr charakteristische ausgewählt, um sie dem deutschsprachigen Publikum vorzustellen. Sie erzählen von der Entstehung der Welt, von Göttern, der Liebe, von Drachen und grausamen Gutsbesitzern, von den Gaben guter, sowie den Versuchungen böser Geister. Das klingt vielleicht vertraut, dennoch unterscheiden sich Chinas jahrtausendealte religiöse und philosophische Strömungen, seine Traditionen und Lebensweisen vielfältig von denen des Westens. Bei der Annäherung an die chinesische Kultur stößt man daher immer wieder auf Rätsel und erlebt so manche Überraschung. Bei Reisenden mag das zuweilen zu Irritationen führen. Ein Ausflug in die Welt der chinesischen Mythen, Märchen und Legenden ist dagegen stets vergnüglich. Allerdings erschien es uns nützlich zu sein, den Geschichten jeweils einige Hintergrundinformationen beizugeben, die der Leserin oder dem Leser helfen sollen, das Verständnis für die Erzählungen zu vertiefen. Bei den Legenden, die die Entstehung der wichtigsten chinesischen Feste beschreiben, drängte sich das gewissermaßen auf. Aber auch bei den anderen Geschichten haben wir Erklärungen angefügt, anhand derer man etwas über die chinesische Kultur, die archetypischen Denkweisen, die Symbole, bestimmte Traditionen und vieles mehr erfahren kann. Wir weisen auch auf Ähnlichkeiten und Unterschiede zu den europäischen Märchen und Mythen hin.

Zudem geben wir Hinweise auf Sehenswürdigkeiten, die mit den Geschichten in Zusammenhang stehen.
Die hier vorliegenden Erzählungen gibt es freilich auch in anderen Sammlungen, sie kommen in vielen verschiedenen Varianten vor. Auch in Romanen des alten China tauchen sie und ihre Figuren immer wieder auf. Min Wang hat diese Geschichten entweder auf Deutsch nacherzählt oder neu übersetzt. Da er sie als Reisebegleiter deutschen Gästen oft vorträgt, entstammen sie gewissermaßen einer zeitgenössischen oralen Erzähltradition.
Wir laden Sie also ein, sich anhand dieses Buches auf eine kleine Reise zu den Mythen, Märchen und Legenden Chinas zu begeben und hoffen, dass Sie dabei Lust bekommen, noch mehr von der faszinierenden Kultur dieses Landes kennenzulernen.

Min Wang, Franz König und Felix Winter
im Mai 2019

PAN GU ERSCHAFFT HIMMEL UND ERDE

Wie der Riese Pan Gu die Dunkelheit zerschlägt und schließlich selbst im Kosmos aufgeht

Am Anfang lag die Welt in dunkelster Finsternis und hatte weder Form noch Richtung. In dieser Finsternis war ein Lebewesen verborgen, das war Pan Gu, ein Riese und der Ahnherr der Menschheit. Einhundertachttausend Jahre schlief er in der Finsternis, bis er eines Tages erwachte. Die tiefe Dunkelheit um ihn war ihm höchst unangenehm. So zog er sich einen Zahn und verwandelte diesen in eine große Axt, die er kräftig kreuz und quer durch das chaotische, dunkle Wirrwarr schwang. Als Pan Gu mit seiner unbändigen Kraft einen weiteren mächtigen Schlag tat, spaltete sich das Chaos mit einem Riesenknall unversehens in zwei Teile. Der klarere und leichtere Teil stieg empor und immer weiter, bis er zum Himmel wurde. Der trübere und schwerere Teil senkte sich abwärts und sank immer weiter, bis daraus die Erde entstand.

Pan Gu war jedoch in Sorge, dass Himmel und Erde wieder zusammenwachsen und die Welt so in Finsternis versinken könnte. Daher stützte er kurz entschlossen mit seinem Kopf den Himmel und stemmte seine Füße in die Erde. So gelang es ihm, die Gefahr eines neuerlichen Chaos zu bannen. Da der Himmel aber jeden Tag weiter stieg, und die Erde gleichzeitig

盤古開天僻地

jeweils um zehn Fuß sank, wuchs auch Pan Gus gewaltiger Körper mit. Unverrückbar stand er stets zwischen Himmel und Erde. Viele Jahrhunderte und Jahrtausende vergingen auf diese Weise, unermüdlich trennte der Riese die beiden Teile der Welt - bis zu dem Tag, an dem Himmel und Erde ihre heutige Form gefunden hatten.

Pan Gu aber war in dem Moment, als er sein großes Schöpfungswerk vollbracht sah, so ermattet, dass er zur Erde stürzte. Kaum berührte sein Körper den Boden, begann er sich sogleich auf erstaunliche Weise zu verändern und zu wandeln: Sein Rumpf wurde zu Erdreich, sein Kopf und seine Gliedmaßen wurden zu hohen Bergen, aus seinen Augen entstanden Sonne und Mond. All die Tränen, die er während der langen Zeit seiner großen Arbeit und Anstrengung geweint hatte, wurden zu funkelnden Sternen. Seine Haare und Härchen verwandelten sich in allerlei kleinere und größere Pflanzen und Bäume, ja sogar ganze Urwälder entstanden so. Sein Atem wurde zu Wind und Wolken, und seine Stimme rollte als Donner zwischen ihnen dahin. Aus seinem Blut entstanden Ozeane, Meere, Ströme, Flüsse und Bächlein, aus seinem Schweiß wurde der belebende Regen, der den Boden fruchtbar machte.

Dem Berg Buzhou kam bei der Entstehung dieser neuen Erde eine besondere und wichtige Rolle zu, denn die Gefahr, dass der Himmel zur Erde stürzen könnte, war noch nicht gebannt. Um die unerschütterliche Kraft und Stärke des wohltätigen Riesen als Himmelsstütze zu ersetzen, verhinderte der Berg Buzhou im Westen die erneute unerwünschte Annäherung zwischen dem Himmelsgewölbe und der Erde. Pan Gu hatte auf diese Weise als schöpferische Gottheit durch seinen starken Willen, seine unermüdliche Kraft und seinen mächtigen Körper eine wunderbare Welt erschaffen, die später den Menschen geschenkt werden sollte.

Zu den Hintergründen

Schöpfungsmythen wie diesen gibt es in vielen Erzählungen der Welt, auch in vielen Religionen spielen sie eine wichtige Rolle. Oft sind dabei Titanen oder Götter und Göttinnen am Werk und schaffen aus dem Chaos oder dem Nichts eine Welt für die Menschen. In der germanischen Mythologie gibt es eine ähnliche Geschichte: Aus dem Fleisch des Riesen Ymir wird die Erde, seine Knochen werden zu Bergen, sein Schädel zum Himmel und sein Blut zum Meer. Unterschiedlich ist bei diesen Mythen zweierlei: Erstens, ob es nur einen Schöpfer gibt, der gewissermaßen alles macht und zweitens, ob die gesamte Schöpfung mit der Erderschaffung als abgeschlossen betrachtet wird oder ob weitere Schöpfungsakte folgen. In China ist zwar Pan Gu der ursprüngliche Schöpfer, aber er legt nur den Grund für weitere Schöpfungsakte anderer göttlicher Wesen.

An der Geschichte von Pan Gu fällt auf, dass sein Titanenwerk Ewigkeiten dauert und er sich dabei selber aufopfert beziehungsweise auflöst, damit Neues erschaffen werden kann. In den folgenden Erzählungen wird der Fortgang der Schöpfung geschildert, wobei das Auftauchen des Menschen und die Entwicklung kultureller Errungenschaften erklärt werden. In der chinesischen Mythologie zur Schöpfung wird das Ideal sichtbar, einen harmonisch ausgeglichenen Zustand zwischen den Gegensätzen herzustellen, der aber stets gefährdet ist oder gestört werden kann – und daher immer wieder neu geschaffen werden muss.

NÜ WA ERSCHAFFT DIE MENSCHHEIT

Wie die Göttin Nü Wa die Schöpfung vollendet

Nachdem der Riese Pan Gu den Himmel von der Erde getrennt und sein gigantischer Körper sich in Berge, Pflanzen, Meere, Sonne, Mond und Sterne verwandelt hatte, vergingen wieder hunderttausende von Jahren. Auf der Erde entstanden in dieser Zeit allmählich zahlreiche neue Lebewesen: Tiere unterschiedlicher Form und Größe, zu Lande, zu Wasser und in der Luft, eine Vielfalt von Säugetieren, Reptilien, Fischen, Vögeln und Insekten, alles war da – bis auf die Menschen.

Als die Göttin Nü Wa eines Tages über die von Pflanzen und Tieren bewohnte Erde wanderte, überkam sie plötzlich ein starkes Gefühl von Einsamkeit. Es wurde ihr bewusst, dass es der Erde an irgendetwas mangelte, dass sie nicht von echtem Leben erfüllt war. Es schien ihr, als fehle noch ein Wesen. Aber was könnte das sein, fragte sie sich, was fehlte noch auf der Erde? Sie verfiel in tiefes Grübeln und dachte lange nach. Ganz in Gedanken versunken, kam sie an einem Teich vorbei. Das klare Wasser zog sie an, sie trat ans Ufer, um eine kleine Pause zu machen. Dabei fiel ihr Blick in den Teich und das Wasser widerspiegelte ihr göttliches Antlitz und ihre schöne Gestalt. Wenn sie lächelte, lächelte es aus dem Teich zurück; wenn sie tat, als ob sie sich ärgerte, ahmte der Spiegel im

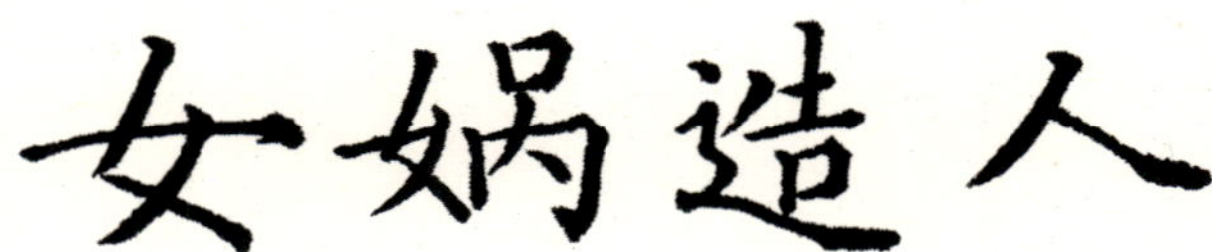

Teich auch das nach. Da keimte in ihr die Idee, ein Wesen zu schaffen, das ihr ähnelte, denn unter allen Lebewesen, die bereits vorhanden waren, fehlte zur Vollkommenheit noch dieses eine einzigartige Wesen, dem sie von Angesicht zu Angesicht in die Augen schauen konnte.

Von diesem Gedanken beseelt nahm sie einen Klumpen Lehm vom Ufer auf, vermischte ihn mit Wasser aus dem Teich und machte daraus nach ihrem eigenen Ebenbild ein entzückendes Baby. Kaum hatte sie es auf den Boden gestellt, geschah etwas Seltsames: Das Kind aus Ton begann zu sprechen und rief: „Mama, Mama!". Es tanzte und brach in Lachen und Jubeln aus, um seine große Freude über das ihm geschenkte Leben zum Ausdruck zu bringen. Als Nü Wa dieses Wunder sah, war sie zu Tränen gerührt. Sie fühlte sich glücklich, Mutter geworden und nicht mehr einsam und allein zu sein. Ihr Kind nannte sie liebevoll „Mensch".

Mit ihrer Schöpfung war Nü Wa sehr zufrieden. Sie bemerkte, dass sich der Mensch von allen übrigen Lebewesen stark unterschied. Zwar hatte er im Gegensatz zu manchen großen Tieren nur einen zarten, kleinen und vergleichsweise schwachen Körper, aber er war äußerst klug. Er benahm sich im Großen und Ganzen wie seine Schöpferin und schien im Stande zu sein, die Erde sinnvoll zu regieren. Als ihr dies bewusst wurde, begann Nü Wa noch mehr Menschen zu schaffen. Sie wollte ihre Kinder in allen Teilen der Erde sehen, doch das gelang ihr nicht. Obwohl Nü Wa fleißig und ununterbrochen an ihren Menschenfiguren arbeitete, war die Erde einfach zu groß, um von einer einzigen Hand bevölkert zu werden. Sie hatte schon eine Unmenge von Menschen geschaffen, als sie erschöpft niedersank und ihren ursprünglichen Plan aufgeben musste. Das machte sie sehr traurig, denn sie war noch weit von ihrem Ziel entfernt. Sie musste einsehen, dass sich auf diese Weise ihr Wunsch nie erfüllen würde, und so hoffte sie auf eine neue Eingebung.

Endlich kam Nü Wa die rettende Idee: Sie verdünnte zuerst die Lehmklumpen mit zusätzlichem Wasser. Dann nahm sie vom Felsen ein Rattangewächs und fertigte daraus ein Geflecht. In dieses legte sie Lehm hinein, hob ihre göttlichen Arme weit in die Höhe und schwang das Geflecht anschließend kraftvoll in alle Himmelsrichtungen, sodass sich die feuchten Lehmfetzen lösten und weithin über die Erde geworfen wurden. Wie durch ein Wunder erhoben sich überall, wohin die Klumpen gefallen waren, umgehend kleine Kinder vom Boden, die genau so hübsch und klug waren wie diejenigen, die Nü Wa zuvor mit eigener Hand geschaffen hatte. Aus allen Gegenden der Erde schallten die Rufe der Kinder nach ihrer Mutter.

Von da an lebte auf der Erde die Menschheit. Aber Nü Wa dachte weiterhin über das Schicksal ihrer Geschöpfe nach und neue Fragen beschäftigten sie: Was geschah, wenn ihre Menschen alterten und starben? Wie die Tiere und Pflanzen waren sie vergänglich. Musste sie also immerfort und auf ewige Zeit kleine Menschen erschaffen? Das schien ihr mit zu viel Mühe verbunden und keine geeignete Lösung zu sein. Und wieder kam ihr ein hilfreicher göttlicher Einfall, der ihr die Lösung des Problems zeigte: Die Göttin teilte die Menschen in zwei Geschlechter auf, die gebärenden Frauen und die zeugenden Männer. Darüber hinaus erhielten beide aus ihrer göttlichen Hand das Geschenk der Liebe und damit auch die Möglichkeit der Fortpflanzung. Seither sind alle Menschen in der Lage, ihre Nachkommen selber zu erzeugen, sich Generation um Generation fortzupflanzen und sich auf der Welt in Liebe zu begegnen und zu vermehren.

Zu den Hintergründen

In dieser Erzählung wird der Fortgang der Schöpfung geschildert, wobei das Auftauchen der Menschen erklärt wird. Der Vorgang wird als liebevoller Akt einer weiblichen Gottheit, einer Ur-Mutter dargestellt. Wer sonst könnte Menschen hervorbringen? Nü Wa betrachtet fortan alle Menschen als ihre Kinder und macht ihnen schließlich das Geschenk der geschlechtlichen Liebe. In der chinesischen Mythologie gibt es also keinen singulären Schöpfer, sondern deren viele. Die Schöpfung und die Verhältnisse der Wesen in der Welt sind deutlich anders gedacht als in der jüdisch-christlichen Vorstellung. Dort schafft der in der Vorstellung meist männliche Gott alles und zuallerletzt den Menschen, dem er den Auftrag gibt, über alle anderen Wesen zu herrschen und sie sich untertan zu machen. Eine Orientierung mit fatalen Folgen für den weiteren Verlauf der Geschichte im Westen und in der gesamten Welt.

Nü Wa gilt gemeinsam mit ihrem Bruder und späteren Mann Fu Xi als Hüterin der Ehe. Auf Bildern sind die beiden jeweils mit einem menschlichen Oberkörper, aber schlangen- bzw. drachenartigen Unterleibern dargestellt, die miteinander verschlungen sind. In den Händen halten sie wichtige Kulturgegenstände, Nü Wa meist eine Art Kompass und Fu Xi einen rechten Winkel, zur Vermessung des Universums. Den Legenden nach gelten sie beide als kulturschaffende Heroen der Menschheitsgeschichte, wobei Musik, Tanz, die Kunst des Schreibens, das Messen von Zeit und Entfernungen mit Hilfe von Schnüren, sowie das Knüpfen von Netzen für den Fischfang als wesentliche Kulturtechniken angesehen werden.

NÜ WA REPARIERT DAS HIMMELSGEWÖLBE

Wie die Menschheit beinahe wieder vernichtet wird

Nachdem Pan Gu die Welt und Nü Wa die Menschheit erschaffen hatten, herrschten am Himmel Regelmäßigkeit und Ordnung: Die Sonne, der Mond und die Sterne nahmen die ihnen zugeteilten Plätze ein und liefen auf den für sie bestimmten Bahnen. Und auf der Erde herrschte großer Friede: Die Menschen lebten geborgen in ihren einfachen Behausungen und gingen ihren Beschäftigungen nach, ganz im Einklang mit der Natur. Der gesamte Kosmos befand sich in großer Harmonie. Jahre später aber kam es zu einem Machtkampf zwischen dem rebellischen Geist des Wassers und dem Geist des Feuers. Der Kampf entwickelte sich zu einer kriegerischen Auseinandersetzung. Als der Wassergeist den Kampf verlor, stieß er voll blinder Wut mit seinem Kopf gegen den Berg Buzhou im Westen, der aus Pan Gus Körper geformt worden war, um als Himmelssäule zu dienen. Der Berg konnte dem heftigen Stoß nicht widerstehen, und mit unvorstellbarem Getöse brach er mitten entzwei. Nun war das jahrtausendealte Gleichgewicht zwischen Himmel und Erde gestört, das Weltengebäude geriet gefährlich ins Wanken, denn das Himmelsgewölbe neigte sich immer stärker gen Westen. Der Erdboden dagegen kippte allmählich in Richtung Osten. Aber nicht nur das Gleichgewicht

der Welt war aus den Fugen, der Stoß des zornigen Wassergeistes zog weitere furchtbare Folgen nach sich: Die Himmelssäule hatte bei ihrem Sturz starke Erdbeben verursacht, sodass auf der Erde viele gigantische Klüfte entstanden und es zu großen Bränden kam. Viele Wälder und Häuser zerfielen zu Asche. Die Menschen verloren ihre Behausungen, und viele von ihnen kamen ums Leben. Doch damit nicht genug, ein weiteres Unglück brach über die wenigen Überlebenden herein: Die durchbrochene Himmelssäule hatte nämlich ein Stück des Himmelsgewölbes mit sich in die Tiefe gerissen, wodurch ein großes Loch am Himmel klaffte, aus dem es unaufhörlich stürmisch regnete. So kam es auf der Erde zu einer fürchterlichen Sintflut, die eine Menge Menschen in den Tod riss – sie ertranken in den Fluten des Hochwassers. Diejenigen, die all das überlebten, litten große Not.

Als die Göttin mitansehen musste, wie ihre Kinder immer tiefer ins Elend gerieten, brach es ihr fast das Herz. Sie entschloss sich, die Menschen aus ihrer großen, unverschuldeten Not zu retten und das Himmelsgewölbe wieder zu reparieren. Um geeignete Mittel und Material zum Schließen des Loches zu finden, reiste Nü Wa auf der ganzen Erde umher und erklomm viele hohe Berge, bis sie schließlich am Meer die Himmlische Terrasse erreichte, einen der fünf schwimmenden heiligen Berge. Diese fünf Berge konnten auf dem Meer treiben, weil jeder von ihnen von einer göttlichen Schildkröte getragen wurde. Nur dort gab es die unschätzbar wertvolle fünffarbige Tonerde, die am besten geeignet war, das beschädigte Himmelsgewölbe zu schließen und wieder in seinen Ursprungszustand zu versetzen.

Nü Wa baute also auf der Himmlischen Terrasse einen Ofen, um aus dem fünffarbigen Ton harte Steine zu brennen. Neun Tage und Nächte vergingen, ohne dass sie ihre Augen zugetan hätte. Insgesamt brannte die Göttin die unvorstellbare Anzahl von 36.501 Steinen. Niemand weiß, wie sie das schaffen konnte. Ihr Wunsch, den Menschen zu helfen, gab ihr wohl diese unglaublichen Kräfte. Nü Wa benötigte dann noch weitere neun Tage und Nächte, um das Himmelsgewölbe mithilfe der gebrannten Steine wieder aufzurichten.

Als sie schon glaubte, die schwere Arbeit sei beendet, stellte Nü Wa jedoch mit großem Erschrecken fest, dass das Himmelsgewölbe – anscheinend wegen des großen Gewichts der Steine – wackelig blieb und erneut einzustürzen drohte. So sah sie sich schweren Herzens gezwungen, die hilfsbereite Riesenschildkröte, die die Himmlische Terrasse trug, zu schlachten und mit ihren Füßen das Himmelsgewölbe zu stützen. Um den Berg zu retten, der nun ohne die Schildkröte zu versinken drohte, versetzte sie ihn an das nächstgelegene Ufer. So gelang es ihr letztendlich, in der Welt ein neues Gleichgewicht zu schaffen.

Allerdings gelang es ihr nicht ganz, den idealen Urzustand des Weltenbaus wiederherzustellen. Es blieb dabei, dass der Himmel im Westen nun etwas schief und der Erdboden nach Osten hin leicht schräg war. Daher fließen auch fast alle Ströme und Flüsse in China in Richtung Osten. Die Menschen stellten aber fest, dass der Himmel in der Abenddämmerung, dank der von Nü Wa verwendeten fünffarbigen Steine, in ganz neuer Schönheit strahlte und leuchtete.

Nachdem das Weltengebäude soweit stabilisiert war, kümmerte sich Nü Wa um die Überschwemmungen und kanalisierte in einem nächsten Schritt das Hochwasser, damit die Menschen endlich wieder auf trockenem Land leben konnten.

Als die Menschen das sahen, sangen, tanzten und jubelten sie. Um Nü Wa zu danken, bauten sie am Fuß der Himmlischen Terrasse einen Gedenktempel für ihre Retterin.

Zu den Hintergründen

Nü Wa tritt in dieser Geschichte als Retterin der Menschheit aus höchster Not auf. Sie ordnet die Welt neu, sodass wieder Harmonie und Stabilität einkehren können, die in China wichtige Ideale bilden. Dabei muss sie ihre ganze göttliche Kraft einsetzen und fast eine neue Schöpfung vollbringen.
Diese Geschichte erzählt von einer schrecklichen Naturkatastrophe, wie sie in ähnlicher Weise in Erzählungen fast aller alten Kulturen vorkommt: Durch eine große Erschütterung der Erde öffnen sich Klüfte, Feuer breiten sich aus, gewaltige Regen setzen ein und es kommt zu Überschwemmungen (Sintflut). Manche Forscher bringen diese alten Erzählungen in Zusammenhang mit historischen Ereignissen wie Asteroideneinschlägen, die, wenn auch selten, nachweislich doch immer wieder stattgefunden haben und ähnliche Folgen wie die beschriebenen hatten.
Nü Wa wird auch im heutigen China noch in eigenen Tempeln verehrt. Solche gibt es etwa in den Provinzen Henan, Shenxi, Hebei, sogar in Macao. Den Berg, auf dem Nü Wa der Legende nach die Steine gebrannt hat, beanspruchen mehrere Provinzen für sich, so z.B. die Provinz Zhejiang. Der Berg dort heißt Tiantai (Himmlische Terrasse) und es wird behauptet, dass man dort tatsächlich riesige Steine sehen kann, wie sie Nü Wa verwendet hat, um das Himmelsgewölbe zu reparieren. Vielleicht hat sie einige aus Unachtsamkeit vergessen oder sie absichtlich zurückgelassen, zur Erinnerung an die Rettung der Menschheit?

DER GÖTTLICHE KNABE NE ZHA

Wie Ne Zha mit dem Drachenkönig umspringt, zum Himmel aufsteigt und neues Leben erhält

Vor einigen tausend Jahren, zur Zeit der Shang-Dynastie, lebte in der Nähe des Passes am Qiantang-Fluss ein hoher Offizier des Kaisers namens Li Jing mit seiner Frau. Sie erwartete ihr erstes Kind, worüber sich beide sehr freuten. Da die Schwangerschaft schon sehr lange dauerte, nämlich bereits dreieinhalb Jahre, fieberten sie gespannt, aber auch besorgt der Geburt ihres Kindes entgegen. Als der große Tag gekommen war, und seine Frau schon viele Stunden im Frauengemach in den Wehen lag, saß Li Jing voller Sorge vor seinem Haus. Endlich kam eine Magd aus dem Frauengemach und berichtete ihm verlegen, dass die Herrin kein Kind, sondern etwas Unbeschreibliches geboren hatte. Li Jing sprang auf und eilte schnurstracks zum Bett seiner Gattin. Was er dort erblickte, jagte ihm einen gehörigen Schrecken ein, denn er sah anstatt eines Säuglings einen großen Fleischkloß auf dem Zimmerboden hin- und herrollen. „Das muss ein Monster sein", rief Li Jing aus, zog sein Schwert und schlug mit einem wuchtigen Schlag auf den Kloß ein. Da teilte sich dieser in zwei Hälften, und zum großen Erstaunen aller Umstehenden sprang ein hüb-

scher kleiner Knabe mit rundem Gesicht daraus hervor. Dieser lief geradewegs auf Li Jing zu und rief „Vater, Vater!" Der frisch gebackene Vater freute sich zwar sehr über den munteren kleinen Knirps, war aber auch ratlos, wie er mit diesem wunderlichen Kind umgehen sollte.

Da nahte unverhoffte Hilfe in Gestalt eines Daoisten, der plötzlich ins Zimmer trat und allen Anwesenden freundlich zulächelte. Er sprach zu Li Jing: „Herzlichen Glückwunsch zu deiner Vaterschaft! Ich bin einer der Unsterblichen, der Wahrhaftige des Höchsten Zweiten. Deine Frau hat dir einen göttlichen Knaben geschenkt, dem eine außerordentliche Zukunft bevorsteht. Ich, als sein künftiger Meister, habe ihn dazu auserwählt, einst mein Schüler zu werden. Bis dieser Moment gekommen sein wird, sollen ihm meine beiden Geschenke auf seinem Lebensweg nützlich sein: Der Ring des Kosmos, den er als Armreif tragen kann, und das Lendentuch des Flammenden Himmels, mit dem er sich gürten kann." Der Unsterbliche überreichte Li Jing einen Armreif aus Gold und ein rotes Lendentuch aus Seide, verabschiedete sich und verschwand so unversehens, wie er erschienen war.

Die Eltern nannten ihren Knaben Ne Zha, der schon sprechen konnte, aber auch alles verstand, was sie sagten. Sogar laufen konnte er bereits und war so kräftig wie kein anderes Kind.

Als der Knabe sieben Jahre alt war, ging er an einem heißen Sommertag ans Ostchinesische Meer, in das der Qiantang-Fluss mündet, um sich abzukühlen. Er sprang jauchzend ins Wasser und schwenkte sein Lendentuch fröhlich in den Wellen. Die spielerische Bewegung des magischen Lendentuchs löste jedoch eine hohe Flutwelle aus, wie der Knabe verdutzt feststellte. Die Flutwelle setzte sich durch das

Wasser fort und drang auch in die Tiefe. Der Drachenkönig schreckte aus seiner Ruhe auf, als er in seinem Kristallpalast am Meeresboden plötzlich dieses starke Beben verspürte. Verärgert schickte er einen seiner Dämonen, einen Yaksha, der gerade im Meer seine Runde machte, an die Meeresoberfläche, um dort nach dem Rechten zu sehen und ihm zu berichten, was da vor sich ging.

Oben angekommen, hob der Yaksha seinen Kopf halb aus den Wellen und warf einen Blick übers Wasser. Als er den badenden Knaben erblickte, glitt er von hinten unbemerkt an ihn heran, holte aus und wollte seine Axt auf dessen Kopf niedersausen lassen. Aber der Dämon hatte nicht mit den außerordentlichen Fähigkeiten Ne Zhas gerechnet, der die Gefahr spürte und dem tödlichen Hieb mit Leichtigkeit auswich. Gleichzeitig nahm er seinen goldenen Armreif und schleuderte ihn dem verblüfften Yaksha schwungvoll an den Schädel. Der Ring traf den Dämon mitten auf der Stirn und tötete ihn auf der Stelle.

Als der Drachenkönig erfuhr, dass sein Yaksha von einem Kind getötet worden war, geriet er in unbändige Wut. Er ließ seinen Sohn, den Drachenprinzen, zu sich rufen und befahl ihm, den Knaben mit einem Trupp von Meerhexen, Garnelen, Fischen, Muscheln und Krabben gefangen zu nehmen. Gehorsam stürmte der Prinz in Menschengestalt mitsamt seinem Gefolge aus der Meerestiefe ans Licht, stieg aus dem Wasser und stellte sich mit seinem Speer bedrohlich nah vor Ne Zha: „Bist du es, der meinen Yaksha getötet hat?“ Ne Zha erwiderte gelassen und furchtlos: „Ja, das bin ich. Ich wollte hier nur ein wenig baden, und Euer Yaksha wollte mich mit seiner Axt erschlagen. Um ihn abzuwehren, habe ich bloß meinen Armreif nach ihm geworfen. Wie konnte ich denn ahnen, dass ein Dämon,

der über solch ungeheuerliche Kräfte verfügt, davon gleich sterben würde?"
Der Drachenprinz wollte jedoch keine langen Gespräche mit dem Übeltäter führen und stach unvermittelt mit seinem Speer auf ihn ein. Aber auch er unterschätzte den Knaben, der allen Stößen flink auswich und dabei noch lachte. Ne Zha setzte sich dabei nicht zur Wehr, denn er wollte nicht schon wieder jemanden töten. Als ihm aber der wutentbrannte Drachenprinz keine Ruhe ließ und seine Angriffe unablässig fortsetzte, wurde Ne Zha doch zornig und schleuderte sein rotes Tuch in die Lüfte, wo es sich sogleich in sengende Flammen verwandelte und den Drachenprinzen einwickelte. Dann ergriff der Knabe seinen Armreif und schlug dem wehrlosen Prinzen damit aufs Haupt, was ihn auf der Stelle tötete. Die Meereswesen seines Gefolges gerieten bei diesem Anblick in Panik und flüchteten zurück in die Tiefen des Meeres. Inzwischen aber verwandelte sich die Leiche des Prinzen wieder in seine ursprüngliche Drachengestalt. Ne Zha schleppte den toten Drachen ans Ufer, zog dessen Sehnen aus dem Körper und dachte bei sich: „Daraus kann ich meinem Vater einen schönen Gürtel flechten."
Als der Drachenkönig vom gewaltsamen Tod seines Sohnes hörte, fuhr er vor Wut beinahe aus der Haut. Er sann auf Rache, nahm die Gestalt eines konfuzianischen Gelehrten an und trat vor Li Jings Haus. Ungestüm verlangte er Rechenschaft für den Tod seines Yaksha und des dritten Prinzen. Ob er sich nicht vielleicht irre, meinte Li Jing vorsichtig, sein Sohn sei eben erst sieben Jahre alt geworden. Er könne sich kaum vorstellen, dass dieser fähig sei, solche Gewalttaten zu verüben. Er solle ihn nur herholen und selber fragen, schnauzte ihn der Drachenkönig an.

Li Jing fand seinen Sohn in seiner kleinen Stube unter dem Dach, als er gerade dabei war, seinem Vater einen Gürtel aus den Drachensehnen zu flechten. Als der Vater ihn vor den Drachenkönig brachte, sprach Ne Zha furchtlos: „Alter Mann, Ihr habt kein Recht wütend zu sein, denn ich wollte Eurem Sohn nichts zuleide tun! Aber weil er nicht aufhörte, mit seinem Speer nach mir zu stechen, setzte ich mich schließlich zur Wehr, und dabei kam er um. Das war allein sein Verschulden!"
Die altkluge Rede des Kleinen reizte den Drachenkönig noch mehr und stachelte seine Wut erst richtig an. „Kein Menschenwesen hat das Recht, einem meiner Söhne das Leben zu nehmen! Ich werde zum Jadekaiser gehen, dem höchsten himmlischen Herrscher und Richter, und dich verklagen, du kleine Bestie!" Sogleich fuhr er auf grauen Gewitterwolken unter Donner und Blitz in den Himmel.
Die Absicht des Drachenkönigs, ihn und seinen Vater beim Jadekaiser zu verklagen, beunruhigte Ne Zha, weil er fürchtete, dass dies Unglück über seine Familie bringen könnte. Weil ihn sein Vater jetzt streng beaufsichtigte, musste er aber bis zum Morgen warten, erst dann schlich er sich, als alles schlief, leise davon. Eilig lief er – auf seine ganz besondere Weise, – dem Himmel zu. Als er wie auf Adlerschwingen die Südliche Himmlische Pforte erreichte, hinter welcher der Haupteingang zum prächtigen Palast des Jadekaisers lag, stellte er erleichtert fest, dass der Drachenkönig auf seiner Gewitterwolke noch nicht angekommen war. So setzte sich der Knabe vor die Himmlische Pforte und harrte gelassen der Dinge.
Als der alte Drache schließlich wutschnaubend eintraf, verbeugte sich Ne Zha vor ihm und sagte: „Ich habe erkannt, dass ich einen großen Fehler begangen habe und bitte Euch

daher inständig um Verzeihung. Ich wäre Euch unendlich dankbar, wenn Ihr auf die Anklage gegen meinen Vater und mich beim Jadekaiser verzichten würdet." Der alte Drache jedoch zeigte sich unversöhnlich und starrsinnig und schritt entschlossen auf den Palast des Jadekaisers zu. Da wurde der Knabe zornig. Er packte den Alten und schleppte ihn zur Seite, um von den Himmelswächtern nicht gesehen zu werden. Der überraschte Drachenkönig riss sich aber los, richtete sich auf und brüllte höhnisch: „Du wagst es, gegen mich zu kämpfen? Du musst wohl verrückt geworden sein!" Auch er hatte noch nicht verstanden, über welch außergewöhnliche Kräfte Ne Zha verfügte. Dieser warf den Drachen mit der linken Hand zu Boden und riss ihm mit der Rechten eine ganze Handvoll glänzender Schuppen von der Flanke, als ob er ein Huhn rupfte. Laut schrie der Drache vor Schmerz auf, wand sich am Boden und winselte flehentlich: „Ich gelobe dir hoch und heilig, niemanden aus deiner Familie beim Himmlischen Kaiser zu verklagen, lass mich nur bitte los!" Da ließ Ne Zha von ihm ab und befahl ihm, er solle ihm zurück zur Erde folgen. Allerdings traute Ne Zha dem Drachen nicht und wies ihn an, sich auf der Stelle in eine winzige Drachengestalt zu verwandeln. Der Alte musste wohl oder übel gehorchen, und als er auf die Größe eines Regenwurms zusammengeschrumpft war, ergriff ihn Ne Zha und packte ihn in eine verschnürte Bambushülse, die er mit sich nach Haus trug.

Li Jing hatte seinen sonderbaren Sohn schon vermisst und erwartete ihn voller Unruhe. Ne Zha erzählte wahrheitsgemäß, was im Himmel vorgefallen war, und versuchte, seinen Vater zu beruhigen. Aber dieser glaubte ihm kein Wort und hieß ihn obendrein einen Schwindler. Um seinen Vater von der Wahrheit zu überzeugen, schüttelte der Knabe die

Bambushülse aus seinem Ärmel und ließ den Drachen vor den Augen seines verblüfften Vaters aus seinem Gefängnis kriechen. Kaum berührte der Drachenkönig den Boden, verwandelte er sich unverzüglich in Menschengestalt und drohte Vater und Sohn mit der Faust: „Ich gab dir mein heiliges Versprechen, dich nicht beim Kaiser anzuklagen. Aber Wehe euch beiden! Ich weiß mich auf andere Weise an euch zu rächen und werde nicht eher ruhen, als bis ich mit meinen drei Brüdern, den anderen Drachenkönigen, diesen Ort in einen Ozean verwandelt habe!" Mit diesen Worten ließ er den erschrockenen Li Jing stehen und verschwand.
Und tatsächlich stiegen am folgenden Tag die Drachenkönige der vier Himmelsrichtungen aus den Tiefen der vier Ozeane und rückten mit einer unüberschaubaren Anzahl an Meereswesen der Stadt, in der Li Jing mit seiner Familie lebte, bedrohlich nahe. Der verängstigte Offizier trat vor sie hin und begrüßte sie untertänig, doch der alte Drachenkönig ließ ihn sofort in Fesseln legen. Da aber trat Ne Zha bis aufs Letzte entschlossen dazwischen: „Halt!", rief er laut. Ich bin es, der den Yaksha und den Drachenprinzen tötete. Und ich habe dich gequält und gedemütigt. Niemand sonst hier darf in Mitleidenschaft gezogen werden, ich allein trage die ganze Verantwortung für meine Taten!"
Der alte Drachenkönig sprach erbittert: „Du kleine Bestie! Nur dein Tod kann mich zufriedenstellen. Erst wenn du leblos vor mir im Staube liegst, wird der Tod meines Sohnes gesühnt sein!" Was dann geschah, war ungeheuerlich: Völlig überrascht und zutiefst bestürzt mussten die Umstehenden zusehen, wie Ne Zha blitzschnell das Schwert seines Vaters ergriff, sich die Klinge tief ins Herz stieß und zwischen seinem Vater und dem Drachenkönig niedersank. Schweigend blickte der alte Drache auf die zusammenge-

krümmte kleine Leiche. Der Freitod des Knaben brachte ihm die geforderte Genugtuung für seinen Verlust. Er gab seinen Drachenbrüdern einen stummen Wink und zog sich mit seinen Heerscharen in sein Schloss am Meeresboden zurück.
Ne Zhas Seele verließ nach einer Weile seinen leblosen Körper und schwebte in sanften Kreisbewegungen immer höher empor, bis sie zu seinem Meister gelangte, dem Wahrhaftigen des Höchsten Zweiten. Der empfing sie behutsam und nahm sie mit einem tiefen Atemzug in sich auf. Dann pflückte er breite Lotusblätter, die schönsten Blüten und duftende Wurzeln und formte daraus eine Menschengestalt. Als er mit seinem Werk zufrieden war, holte er wieder tief Atem und hauchte Ne Zhas Seele in die Lotusgestalt. Dann sprach er laut: „Ne Zha, wach auf!" Sogleich erhob sich die Lotusgestalt und sagte mit Ne Zhas Stimme: „Meister, ich habe das Gefühl, als ob ich einen Traum gehabt hätte." Der Meister lächelte: „Ne Zha, du bist erwacht und hast ein neues Leben bekommen." So hielt er das Versprechen, das er den Eltern bei Ne Zhas Geburt gegeben hatte, und nahm den wiedergeborenen Knaben als gelehrigen Schüler unter seine Fittiche.

Zu den Hintergründen

Während Ne Zha im Westen praktisch unbekannt ist, kennt ihn in China jedes Kind. Er ist eine der beliebtesten Figuren der chinesischen Mythologie. In unzähligen Bildgeschichten, Comics und Filmen taucht der kleine Held auf, gut erkennbar an seiner kindlich-runden Gestalt, dem goldenen Wurf-Ring und dem magischen roten Lendentuch. Was ihn so beliebt macht ist, neben seinen Superkräften,

sein verspielter, sorgloser Charakter. Auf Neues und Gefährliches geht er unbekümmert zu und stellt sich allen Herausforderungen. Damit ist er ein Symbol für den Mut der Jugend, etwas Neues zu wagen und zu neuen Horizonten aufzubrechen.
Die hier erzählte Geschichte ist nur eine von etlichen, die von diesem Wunderknaben berichtet werden. Die Szenen, die darin vorkommen, erinnern etwas an David und Goliath oder an Herakles als Knaben, nur dass Ne Zha wirklich als Kind dargestellt ist. Ne Zha ist in mancherlei Hinsicht auch mit der Figur des Affenkönigs Sun Wukong vergleichbar, der gegen die Autoritäten rebelliert. Die beiden begegnen sich in dem Roman „Die Reise in den Westen", wo sie gegeneinander kämpfen. Lange gelingt es keinem, die Oberhand zu gewinnen, denn mit ihrer Fähigkeit, sich in die gleichen, vielarmigen Krieger verwandeln zu können, bleiben sie über viele Waffengänge hinweg einander ebenbürtig.

CHANG E FLIEGT ZUM MOND

Wie Hou Yi zur Erde kommt, seine Frau findet, aber ohne sie in den Himmel zurückkehren muss

Zur Zeit dieser Erzählung hausten auf der Welt zahlreiche grausame Raubtiere, Vögel und Vierbeiner, die viel Unheil anrichteten. Als der Himmelskaiser von diesem Übel erfuhr, wies er den jungen Kriegsgott und meisterhaften Bogenschützen Hou Yi an, vom Himmel auf die Erde niederzusteigen und die bösartigen Bestien zu beseitigen. Hou Yi folgte dem Gebot des Himmelskaisers, stieg hinunter auf die irdische Welt und vernichtete mit seiner unvergleichlichen Kampfkunst in kurzer Zeit unzählige der Bestien. Als er seine Aufgabe beinahe erfüllt hatte, ereignete sich eines frühen Morgens jedoch etwas völlig Unerwartetes: Am Himmel erschienen nicht nur eine, sondern zehn Sonnen! Diese zehn Sonnen waren die Söhne des Himmelskaisers. Sie hatten von ihrem Vater ursprünglich den Auftrag erhalten, sich der Reihe nach täglich abzuwechseln: Jeweils einer der Brüder sollte am Morgen als Sonne am Himmel aufgehen und die Erde zu ihrem Wohl bescheinen. Doch an diesem Tag hatten sie nichts als Unfug im Sinn. Nur aus Schelmerei, Langeweile oder Übermut erschienen sie alle gleichzeitig am Himmel, um zu sehen, welche Wirkung ihre geballte Strahlkraft erzielen konnte. Die Hitze

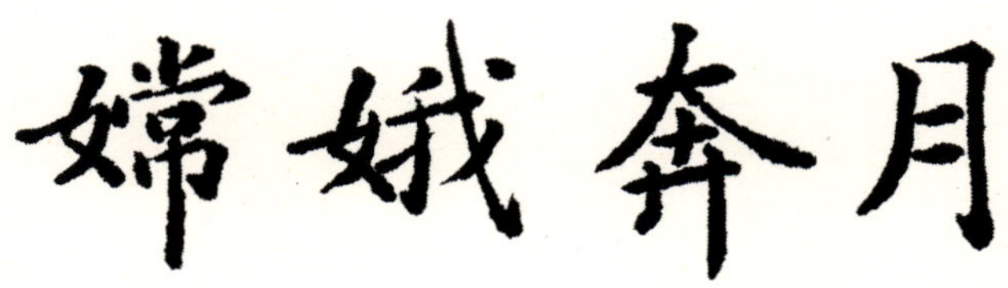

stieg auf der Erde sogleich unerträglich an: Wälder und Wiesen, Blumen und Getreide fingen Feuer, Flüsse, Bäche und Teiche trockneten aus. Zahlreiche Pflanzen und Tiere starben, die überlebenden Menschen stöhnten und suchten Schutz vor der sengenden Hitze. Wer sich nicht schützen konnte, war dem Tod geweiht. So war die Erde bald mit Leichen von Tieren und Menschen übersät.
Der großherzige Hou Yi konnte das Elend der Menschen nicht ertragen. Erst versuchte er, die Himmelssöhne mit guten Worten zu überreden, ihr frevelhaftes Spiel einzustellen und die alte Ordnung wiederherzustellen. Doch die arroganten Himmelssöhne ignorierten seine Bitten. Ganz im Gegenteil: Trotzig näherten sich die todbringenden Sonnen unaufhörlich der Erde, womit sie noch größere Feuerstürme auslösten. Da wurde Hou Yi von heftigem Zorn ergriffen. Wenn er die Menschheit retten wollte, ehe es zu spät war, durfte er nicht länger zögern. So packte er seinen Bogen, griff entschlossen in seinen Köcher und zielte zügig auf die uneinsichtigen Himmelssöhne. Nacheinander schoss er neun von ihnen ab. Als sich die letzte Sonne demütig schuldig bekannte und Hou Yi flehentlich um Nachsicht und Erbarmen bat, ließ sie der Kriegsgott gnädig am Leben. Er nahm dem verbleibenden Himmelssohn das hochheilige Versprechen ab, den Menschen auf Erden nie mehr zu schaden und ihnen von nun an nur noch Wärme und Helligkeit zu spenden.
Mit seiner mutigen Tat hatte Hou Yi die Menschen aus einer großen Gefahr und vor dem Verderben gerettet. Beim Himmelskaiser jedoch fiel er in Ungnade, weil er neun seiner Söhne getötet hatte. Über diesen Verlust geriet der himmlische Herrscher in große Wut und er befahl, dass Hou Yi nie mehr in den Himmel zurückkehren dürfe und von jetzt an als normaler Sterblicher auf der Erde leben müsse, ohne die Fähig-

keit zu fliegen, auf die er als Sterblicher zu verzichten habe. Hou Yi fügte sich dem Entscheid des Himmelskaisers, nahm die Herabsetzung in Würde hin und ergab sich in sein irdisches Schicksal. Er beschloss, den Menschen weiterhin mit seiner Tatkraft zur Seite zu stehen und sie in der hohen Kunst des Bogenschießens und des Jagens zu unterweisen.

Trotz seiner Verbannung aus dem Himmel fand Hou Yi auf der Erde nicht nur Trost, sondern auch sein Glück. Denn hier lernte er Chang E kennen, die seine große Liebe wurde. Chang E war eine kluge, wunderschöne und graziöse junge Frau. Sie verstand sich darauf, Seidenraupen zu züchten und aus ihren Fäden kunstvolle Seidenstoffe zu weben. Sie war sehr beliebt bei ihren Nachbarn, denn ihnen hatte sie, uneigennützig wie sie war, diese Kunst ebenfalls beigebracht. Chang E fühlte sich von Hou Yis Tapferkeit, Kampfkunst und Aufrichtigkeit stark angezogen, während sich der Kriegsgott auf den ersten Blick in die bildschöne und hilfsbereite Chang E verliebte. Bald darauf feierten sie Hochzeit. So schien sich Hou Yis Schicksal auf wunderbare Weise zum Guten gewendet zu haben.

Zwar sehnte sich Hou Yi ab und zu nach seinem früheren göttlichen Leben in der himmlischen Welt zurück, aber auf keinen Fall wollte er sich von seiner geliebten Frau trennen. Als er jedoch eines Tages erfuhr, dass die Göttin Xiwangmu im Kunlun-Gebirge ein besonderes Elixier besaß, durch das man unsterblich wurde, keimte in ihm die Hoffnung, dass sie damit vielleicht beide in die himmlischen Gefilde gelangen könnten. Tatkräftig wie er war, zögerte Hou Yi nicht lange: Sogleich brach er auf, reiste über die höchsten Berge, überquerte die breitesten Flüsse, und als er endlich unzählige Hindernisse und Schwierigkeiten überwunden hatte, erreichte er die Kunlun-Berge, wo er die Göttin Xiwangmu aufsuchte. Er bat sie, ihm das sagenumwobene Elixier der Unsterblichkeit auszuhändigen. Die Göttin zeigte sich überaus freundlich, wusste sie doch von seiner Tapferkeit und hatte von seiner Großherzigkeit erfahren. So überließ sie ihm bereitwillig ein Fläschchen mit dem Wundermittel. Sie wies ihn darauf hin, dass die darin enthaltene Dosis zwei Personen erlaubte, die Unsterblichkeit zu erlangen. Sollte es jedoch geschehen, dass ein einziger Sterblicher den Trank vollständig zu sich nähme, werde dieser zwar zum Himmel aufsteigen, allerdings wäre ihm von da an verwehrt, jemals wieder auf die Erde zurückzukehren.

Als Hou Yi glücklich aus den Kunlunbergen zurückkam, erzählte er seiner geliebten Chang E von der Begegnung mit Xiwangmu und teilte ihr mit, dass sie beim nächsten Vollmond gemeinsam das Elixier zu sich nehmen sollten, um dann als Unsterbliche zum Himmel aufsteigen zu können. Bis dahin gab er Chang E das Gefäß mit dem kostbaren Inhalt zur Aufbewahrung.

Doch ein grausames Schicksal durchkreuzte seine Pläne. Unter seinen Schülern war ein Mann namens Pang Meng, ein ehrgeiziger Heuchler. Unter Hou Yis kundiger Führung hatte er große Fortschritte im Bogenschießen erzielt und galt als große Begabung, weshalb er auch das Privileg genoss, mit Hou Yi unter einem Dach zu wohnen. Hou Yi gegenüber spielte er immer den braven und bescheidenen Schüler, heimlich jedoch beneidete er seinen Meister. Er wusste genau, dass er nie als der beste Bogenschütze der Welt gelten konnte, solange Hou Yi lebte. Unglücklicherweise belauschte er nach Hou Yis Rückkehr das Gespräch des Paares über das Wunderelixier, und sah, wie Hou Yi seiner Gemahlin das Fläschchen übergab. Am Abend vor dem nächsten Vollmond, als Hou Yi voller Vorfreude zu viel Wein getrunken hatte und sich alleine im Garten vor sein Haus setzte, schoss Pang Meng seinem

Meister von hinten einen Pfeil mitten ins Herz. Als Chang E unversehens dazu trat und ihren ermordeten Gatten erblickte, versuchte sie sofort, in ihre Frauengemächer zu fliehen. Doch der Bösewicht folgte ihr, bedrohte sie und forderte sie auf, ihm das Elixier auszuhändigen. Chang E wusste, dass sie dem Bösewicht nicht gewachsen war, daher gab sie vor zu gehorchen, nahm das Fläschchen aus dem Versteck, setzte es aber sofort an ihre Lippen und trank hastig den ganzen Inhalt aus, um das Elixier nicht dem Mörder überlassen zu müssen. Pang Meng, der seinen Plan vereitelt sah, wurde urplötzlich von kaltem Grauen gepackt ob seiner abscheulichen Tat: Er stürzte schreiend davon und wurde nie mehr gesehen.

Mit Chang E jedoch geschah Bemerkenswertes: Sie fühlte, wie ihr Körper zusehends leichter wurde und allmählich nach oben stieg. Weiter und weiter schwebte sie von der Erde weg, empor zum Himmel. Und hätte sie nicht den starken Willen in sich getragen, die Menschen, die sie so sehr liebte, nicht zu verlieren und ihnen so nahe zu sein wie nur möglich, wäre sie ganz in den Himmel entschwunden. So aber gelang es ihr, ihren Himmelsflug bereits auf dem Mond, dem der Erde am nächsten gelegenen Himmelskörper, zu beenden und sich dort niederzulassen.

Als die herbeigeeilten Nachbarn Hou Yi ermordet fanden und einige von ihnen Zeuge wurden, wie Chang E in den Himmel aufstieg, erfasste sie eine unbeschreibliche Traurigkeit über den Verlust dieser beiden geliebten Menschen. Sie suchten nach Möglichkeiten, Chang E zu zeigen, wie sehr sie von ihnen geliebt und verehrt wurde. Daher brachten sie ihr all jene Früchte und Kuchen, die Chang E besonders gemocht hatte, als Opfergaben dar. Sie entzündeten kostbare Weihrauchstäbchen, deren Duft himmelwärts stieg, und hofften, Chang E dadurch mitteilen zu können, wie sehr sie sie vermissten. Und als sie trauernd himmelwärts blickten, stellten sie zu ihrem Erstaunen fest, dass der Mond an diesem Tag besonders hell zu leuchten begann. Bei näherem Hinsehen vermochten sie im Mond eine Menschenfigur wahrzunehmen, eine Figur, die Chang E glich. Deshalb glauben sie bis heute fest daran, dass die unsterbliche Chang E im Mondpalast fortlebt und gütig auf die Erde und die ihr lieben Menschen herabsieht.

Zu den Hintergründen

Die Legende von Chang E und Hou Yi bildet den Hintergrund für das Zelebrieren des Mondfestes. Nach dem chinesischen Kalender wird es am 15. Tag des achten Mondmonats gefeiert, ein bewegliches Fest, das meist im September oder Anfang Oktober liegt. Es gilt neben dem Neujahrsfest und dem Drachenbootfest als eines der drei wichtigsten Familienfeste der Chinesen, mit der längsten Geschichte und der reichsten Tradition. Die Angehörigen der meisten Familien versuchen an diesem Tag zusammenzukommen, um gemeinsam Mondkuchen, Nüsse und Früchte zu genießen, und vor allem, um gemeinsam den Vollmond zu bewundern, der in dieser Zeit oftmals besonders hell scheint. Nach chinesischer Auffassung symbolisiert der Vollmond die Harmonie der Welt und verstärkt das Zusammengehörigkeitsgefühl der Familienmitglieder.

Die Geschichte enthält aber auch alte mythologische Vorstellungen über eine Frühzeit der Welt, in der große Hitze und Not herrschten (siehe die Geschichte von Nü Wa und dem Himmelsgewölbe). Ganz nebenbei erfährt man, warum Raumsonden, die China zum Mond schickt, jeweils die Namen „Chang E-1, Chang E-2" usw. tragen.

DAS NIAN WIRD VERJAGT

Wie ein alter Bettler ein Dorf an der Küste von dem gefürchteten Meerungeheuer Nian befreit

Einer Legende nach lebte im alten China ein Ungeheuer mit langen und scharfen Hörnern, das „Nian“ genannt wurde. Es war sehr wild und hauste im Meer. Das ganze Jahr über trieb es dort sein Unwesen, an einem bestimmten Tag aber tauchte es Unheil bringend aus der Tiefe empor und näherte sich der Küste. Dort fraß es nicht nur Haustiere und verwüstete den Ackerboden, sondern schlimmer noch, es griff auch Menschen an. Da das Ungeheuer außerordentlich stark und grausam war, vermochten es die Menschen im Küstengebiet nicht abzuwehren. Daher flüchteten sie immer am Tag vor der Ankunft des Nian in die Berge, um dem drohenden Angriff des grässlichen Untiers, und damit dem sicheren Tod zu entkommen.

Ein Dorf mit dem Namen „Pfirsichblüten“ war wegen seiner Lage direkt am Meer besonders schlimm betroffen. Jährlich wurde es von der Bestie heimgesucht. Auch in jenem Jahr war es wieder einmal so weit, und alle Dorfbewohner bereiteten sich auf die Flucht vor. Als sie gerade drauf und dran waren, mit ihren Haustieren ihre Wohnstätten zu verlassen, kam gemächlichen Schrittes ein alter Bettler ins Dorf. Gelassen beobachtete er die ringsum herrschende Panik und Hektik der

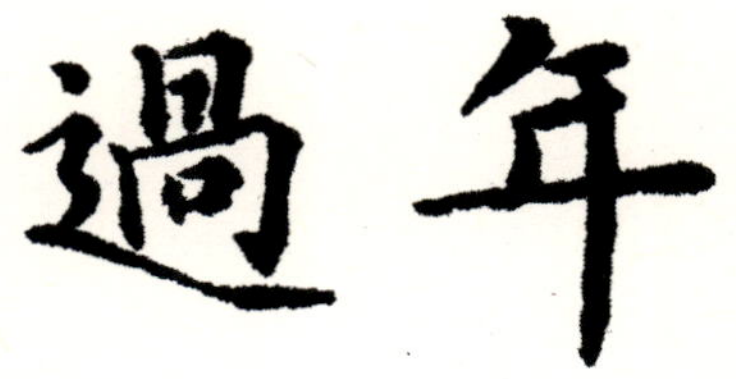

Menschen: Die einen packten gerade noch hastig das Notwendigste zusammen, andere kehrten verwirrt zurück, um in der Eile Vergessenes zu holen oder um noch ein Fenster zu verriegeln und eine Türe zu verschließen. Wieder andere banden in ihrer Verzweiflung Kühe und Schafe, die sie nicht mitnehmen konnten, im Haus fest. Kinder weinten und Tiere schrien – niemand nahm Notiz von dem Alten. Nur eine alte Frau, deren Haus am Eingang des Dorfes lag, kam auf ihn zu, begrüßte ihn und gab ihm ein Stück Brot. „Nehmt das und kommt mit uns in die Berge, wenn Ihr nicht gefressen werden wollt!", sagte sie besorgt. Der alte Mann lächelte und erwiderte: „Gnädige Frau, wenn Ihr mir bitte erlauben wollt, diese Nacht in Eurem Haus zu verbringen, werde ich das böse Nian verjagen und Euer Dorf vor Unheil schützen." Die alte Frau war verblüfft. Sie sah sich den Bettler nun genauer an. Der Alte hielt einen Bettelstab in der rechten Hand und eine Stofftasche hing an seiner linken Schulter. Er war klein und mager, aber seine Augen funkelten. Und er machte auf sie keineswegs einen verlumpten, sondern vielmehr einen eleganten, wachen und klugen Eindruck.

Obwohl der Bettler seine Zuversicht deutlich erkennen ließ, machte sich die Frau große Sorgen, denn sie bezweifelte, dass dieser schwächliche Mann dem wilden Ungeheuer gewachsen sein könnte. Aber zu ihrer ganzen Überredungskunst und all ihren Versuchen, ihn von seinem Vorhaben abzubringen, schwieg der alte Mann lediglich und lächelte selbstsicher. Da seufzte die Alte tief auf, überließ ihm ihr Haus und folgte den anderen auf dem Weg in die Berge.

Um Mitternacht stieg das grässliche Nian aus den düsteren Tiefen des Meeres empor und näherte sich gefräßig und voll zerstörerischer Absichten dem Pfirsichblüten-Dorf. Beim Näherkommen stellte das Nian jedoch verdutzt fest, dass dieses

Mal im Dorf, anstatt der üblichen Ödnis, eine gänzlich andere Stimmung herrschte: Das kleine Haus am Dorfrand war hell erleuchtet. An seinem Eingangstor hingen zwei rote, festliche Bänder. Für ein richtiges Ungeheuer wie das Nian, das es gewohnt war, überall nur Angst zu verbreiten, war dies eine unerhörte Provokation. Voller Ingrimm brüllte das Nian laut auf und stürzte wutentbrannt auf das Tor zu. Kaum hatte es dieses jedoch erreicht, donnerten ihm aus dem Innenhof des Hauses ohrenbetäubende Geräusche entgegen. Das Nian erschrak zutiefst. Da öffnete sich das Tor und der alte Mann trat heraus. Er hielt einen mit einer Kerze beleuchteten roten Lampion in der Hand und sein lautes, furchtloses Lachen schallte durch die Dunkelheit der Nacht, während die Donnergeräusche aus dem Hof hinter ihm nicht enden wollten. Diesem unerwarteten Empfang war das dumpfe Nian nicht gewachsen. Zögernd und ängstlich zog es sich Schritt für Schritt zurück, drehte sich am Eingangstor um und verschwand schließlich fluchtartig in den dunklen Fluten des nächtlichen Meeres.

Als die Dorfbewohner am folgenden Morgen aus den Bergen zurückkamen, wunderten sie sich darüber, ihr Dorf erstmals, nachdem es das Nian heimgesucht hatte, völlig unversehrt vorzufinden. Den ersten Rückkehrern fiel gleich das kleine Haus der alten Frau am Dorfeingang auf, denn es sah verändert aus. Als sie die Frau zu ihrem Haus begleiteten, entdeckten sie im Innenhof die Asche von verbrannten Bambusröhren, mit denen der Alte die ohrenbetäubende Knallerei erzeugt hatte. Im Wohnzimmer lagen ausgebrannte Kerzen und der Lampion. Da ging der alten Frau ein Licht auf, sie erzählte ihren Nachbarn vom Besuch des Bettlers und seinen Versprechungen. Als sie ihn jedoch suchen ging, um sich bei ihm zu bedanken, musste sie feststellen, dass er spurlos verschwunden war.

Die Dorfbewohner waren überglücklich. Sie zogen frische Kleider an, tranken Wein und gingen Freunde, Verwandte und Bekannte in den Nachbardörfern besuchen, um sich nach deren Lage zu erkundigen und um ihnen von der wundersamen Tat des alten Bettlers zu erzählen. Die Art und Weise, wie man sich des Ungeheuers entledigen konnte, verbreitete sich rasch in sämtlichen umliegenden Dörfern. Die Küstenbewohner beschlossen, es künftig genauso zu machen, wie es der alte Bettler im Dorf Pfirsichblüten vorgemacht hatte: Sie klebten feurig rote Spruchbänder an ihre Hauseingänge, zündeten Kerzen und rote Lampions an, setzten Bambusrohre in Brand, womit sie ohrenbetäubende Feuerwerke abbrannten und blieben bis lange nach Mitternacht wach. Und tatsächlich, dieses farbenfrohe und geräuschvolle Treiben zeigte auch im kommenden Jahr die erwünschte Wirkung. Das Nian wurde seitdem an diesem Küstenstrich nie mehr gesehen. Vor Freude über die gebannte Gefahr weitete man die gemeinsamen Feierlichkeiten aus, und bis zum heutigen Tag begeht man das Frühlingsfest auf diese Weise.

Zu den Hintergründen

Dieses Fest nennen die Chinesen auch „Guo Nian“, was soviel bedeutet wie „das Nian verjagen“ oder „das Nian überwinden“. Das Ungeheuer kann auch als Gleichnis auf die Gefahr von Tsunamis gesehen werden, der Küstenbewohner seit Urzeiten ausgesetzt sind. Die Tradition des Festes wurde im ganzen Land populär und so entstand daraus das chinesische Neujahrs- bzw. Frühlingsfest. Es ist das wichtigste Fest des Jahres und fällt in die Zeit zwischen Mitte Januar und Mitte Februar. Da es an den chinesischen Mondkalender gebunden ist, verschiebt es sich jeweils etwas. Die meisten Chinesen haben in dieser Zeit Ferien oder nehmen sich frei. Die Feierlichkeiten werden aufwendig vorbereitet. Den Auftakt bildet das Neujahrsfest und den Abschluss fünfzehn Tage später das Laternenfest. Beim Neujahrsfest gibt es überall im Land große Feuerwerke mit viel Knallerei. Das Unglück soll abgewendet werden und das Glück wird beschworen. Die Farbe Rot spielt bei den Festlichkeiten eine wichtige Rolle. Die Häuser werden mit roten Laternen, Bildern und roten Spruchbändern geschmückt. Die Farbe Rot steht für Reichtum und galt früher als lebensspendend. In der Zeit des Frühlingsfestes treffen sich die Familien und speisen ausgiebig zusammen. Auch aus dem Ausland reisen Millionen Chinesen an, was eine gigantische Reisewelle im Land bedeutet (der neuzeitliche Tsunami). Man feiert zusammen den Beginn des neuen Jahres, wünscht sich Glück und wirtschaftlichen Erfolg und macht Geschenke. Sehr gebräuchlich ist dabei der sogenannte „rote Umschlag", der für Geld und Glück steht und tatsächlich oft Geld enthält, das vor allem die Älteren den Jüngeren zukommen lassen. In jüngster Zeit schickt man sich auch virtuelle „rote Umschläge" mit einer speziellen App über das Handy.

DER HIRTENJUNGE UND DIE WEBERIN

Wie die Webkunst auf die Welt kommt und das Fest der Liebe entsteht

Vor vielen Jahren lebte in einem kleinen Dorf bei der Stadt Nanyang ein aufrichtiger Junge, der das Herz am rechten Fleck hatte. Seine Eltern waren schon gestorben, als er noch ein Kind war. Seither lebte er im Haus seines älteren Bruders. Dessen Frau aber war boshaft und hinterhältig. Sie behandelte den Waisenknaben schlecht und wäre ihn gern wieder losgeworden. Der Junge führte daher ein hartes und entbehrungsreiches Leben. Er musste viele schwere Arbeiten verrichten und bekam dafür nichts als böse Worte. Seine wichtigste Aufgabe war es, die Rinder zur Weide zu führen und zu hüten. Daher redeten ihn die Dorfbewohner einfach mit "Niulang" an, was so viel bedeutet wie „Rinderhirte".

An einem Herbsttag trug ihm die böse Schwägerin auf, neun Rinder zur Weide zu führen und erst heimzukehren, wenn er noch ein zehntes Rind mit zurückbrächte. Ratlos und niedergeschlagen verließ Niulang mit den neun Rindern das Dorf und stieg hinauf ins nahe Gebirge. Weil er keine Ahnung hatte, wie er diese Aufgabe erledigen sollte, setzte er sich unter einen Baum und weinte. Da trat ein weißhaariger Mann zu ihm. Freundlich erkundigte er sich beim Jungen nach dem

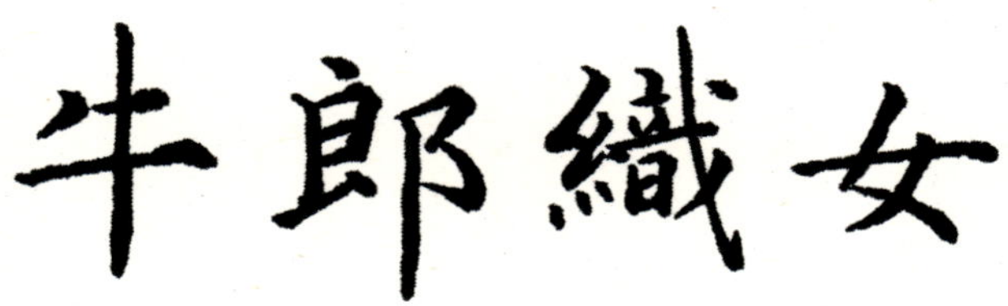

Grund für dessen Kummer. Nachdem Niulang dem alten Mann sein Herz ausgeschüttet hatte, tröstete dieser den Jungen und riet ihm Folgendes: „Am Berg des Liegenden Rindes lebt ein herrenloses Tier, das verletzt ist. Wenn du ihm hilfst, es fütterst und gesund pflegst, dann kannst du es mit nach Hause nehmen."

Hoffnungsfroh bedankte sich Niulang bei dem alten Mann für den Rat und machte sich sogleich auf den Weg. Nach langer Wanderung fand er am Fuße des genannten Berges tatsächlich ein altes Rind, das schon fast verhungert war. Sofort sammelte der Junge frisches Gras und fütterte es. Zur seiner großen Überraschung fing das alte Rind nach drei Tagen plötzlich an, zu ihm zu sprechen. Es erzählte, dass es einst ein göttliches Rind im Himmel gewesen sei. Weil es jedoch den Zorn des Jadekaisers, des himmlischen Herrschers, erregt hatte, war es in die irdische Welt verbannt worden. Unterwegs war es gestürzt und hatte sich ein Bein gebrochen. Nun konnte es weder laufen noch Futter finden. Als es sich schon in sein Schicksal fügen wollte und auf seinen Tod wartete, kam ein Unsterblicher zu ihm und kündigte ihm an, dass bald ein Hirtenjunge kommen und ihm helfen werde. Die Hoffnung ließ es Hunger und Schmerzen ertragen bis zu dem Tag, an dem tatsächlich Niulang erschien. Der Junge bemühte sich nun umso mehr, dem unglücklichen himmlischen Tier zu helfen. Er sammelte den Tau von hundert wilden Blumen, reinigte damit die Wunde des Rindes und pflegte es liebevoll. Als der Mond sich einmal gerundet hatte, war es geheilt und konnte wieder laufen wie zuvor. Niulangs Freude war groß, und fröhlich zog er mit seinen zehn Rindern nach Hause.

Obgleich Niulang die Aufgabe gelöst hatte, blieb die missgünstige Schwägerin ihm übel gesinnt und überredete ihren Ehemann, den Jungen ganz aus dem Haus zu verbannen. Denn sie war habgierig und fürchtete, dass Niulang als jüngerer Bruder Anspruch auf das Erbteil seiner Eltern erheben könnte, wäre er erst einmal erwachsen. So überließ ihm der ältere Bruder eine alte Strohhütte und ein kleines, karges Stück Ackerland mit den Worten, das dies sein Erbteil sei, mit dem er sich zufriedengeben solle. Niulang war wohl oder übel einverstanden. Er freute sich sogar, da ihm gestattet wurde, das alte Rind mitzunehmen, das sein Freund geworden war.

Die Jahre zogen ins Land, und Niulang war inzwischen zu einem kräftigen und gut aussehenden jungen Mann herangewachsen. Zwischen ihm und dem einstmals göttlichen Rind war die Freundschaft so weit gediehen, dass dieses ihm eines Tages ein besonderes Geheimnis anvertraute: „Jeweils am Anfang des 7. Monats steigen die sieben Töchter der Göttin Xiwangmu und des Jadekaisers aus ihrem himmlischen Palast hinab auf die Erde, um im Phönixsee zu baden. Die schönste und fleißigste unter ihnen ist Zhinü, das Webermädchen. Du kannst sie zur Frau gewinnen, wenn du genau das tust, was ich dir jetzt sage." Gebannt lauschte der Junge den Anweisungen seines Freundes.

An besagtem Tag wanderte Niulang zum Phönixsee. Wie das Rind vorausgesagt hatte, stiegen, als die Dämmerung hereinbrach, sieben graziöse junge Frauen mit wunderschönen seidenen Kleidern in verschiedenen Farben vom Himmel herab und gingen plaudernd und lachend zum See. Keine bemerkte, dass sich Niulang hinter den Büschen am Ufer verborgen hatte und sie mit klopfendem Herzen beobachtete. Am Ufer angekommen zogen die sieben Schönen ihre bunten Kleider aus und stiegen ins klare Wasser. Da schlich sich Niulang aus seinem Versteck hervor und packte das rote Kleid, so wie das alte Rind ihm geraten hatte. Als die überraschten Himmelstöchter seiner ansichtig wurden, kamen sie aufgebracht aus

dem Wasser und nahmen flugs ihre Kleider an sich. Zornig umstellten sie den jungen Mann und forderten das Kleid ihrer Schwester zurück. Niulang ließ es jedoch nicht los, senkte die Augen und errötete. Er gestand ihnen schüchtern, dass er sich in diejenige verliebt habe, der das rote Kleid gehöre, und sie heiraten wolle. Da brachen die sechs Mädchen in schallendes Gelächter aus und sagten spöttisch: „Ein gutes Auge hast du, denn du hast dir die Schönste und Tüchtigste ausgesucht. Aber unsere Schwester Zhinü hat jeden Morgen und jeden Abend die Aufgabe, aus feinstem Brokat die Dämmerung zu weben, damit unsere Mutter Xiwangmu damit den Himmel schmücken kann. Zhinü ist am himmlischen Hof unentbehrlich und wird bestimmt keinen normalen Sterblichen heiraten. Was erdreistest du dich, Erdenkind, nach unserer göttlichen Schwester zu verlangen!“
Während die älteren Schwestern sprachen, hatte sich Zhinü versteckt gehalten und geschwiegen. Nun richtete sie selbstbewusst das Wort an den jungen Mann: „Niulang, schon oft habe ich dich vom Himmel herab beobachtet und deine Bescheidenheit, deinen Fleiß und deine Fürsorge den Tieren gegenüber bewundert. Das hat mein Verlangen nach einem einfachen, aber von Liebe erfüllten Leben auf der Erde entfacht. Ich bin entschlossen, dir nach Hause zu folgen und deine Frau zu werden.“ Ihre Schwestern erschraken und erinnerten sie daran, dass sie schwere Strafen vom himmlischen Hof zu erwarten habe, wenn sie sich mit einem Sterblichen auf der Erde einließe und ihn gar heiraten wolle. Aber Zhinü hatte sich entschieden und erklärte, sie wolle dieses Wagnis eingehen, die Kraft der Liebe sei unüberwindlich. Von dieser Entschlossenheit und dem Mut ihrer jüngsten Schwester waren die Jungfrauen tief bewegt. Sie wünschten dem liebenden Paar eine glückliche Ehe und versprachen, die Beziehung zu Hause

zu verheimlichen, solange es nur gehe. Sie verabschiedeten sich und kehrten in den Himmel zurück.
Ihrer Mutter gegenüber entschuldigten die himmlischen Jungfrauen die jüngste Schwester und erzählten, diese sei unterwegs erkrankt und brauche ein paar Tage Ruhe. Als die Mutter Xiwangmu nach drei Tagen bemerkte, dass Zhinü noch immer nicht erschienen war und ihr keinen neuen Brokat geliefert hatte, schwante ihr allmählich, dass etwas nicht stimmte, und sie ging der merkwürdigen Sache nach.
Wie wir wissen, entspricht ein Tag im Himmel genau einem Jahr auf der Erde. Niulang und Zhinü lebten also bereits seit drei Jahren als glückliches Paar zusammen und führten ein zufriedenes Leben in Liebe und Harmonie, als Xiwangmu im Himmel Zhinüs Abwesenheit auffiel. Niulang bestellte den Acker und Zhinü beschäftigte sich mit der Webkunst. Als größtes Geschenk brachte sie den Menschen bei, Seidenraupen zu züchten, ihre Fäden zu gewinnen und daraus die feinsten Stoffe zu weben. Das freundliche Paar war bei seinen Nachbarn und den Menschen in der ganzen Gegend beliebt und hochgeschätzt. Vollkommen wurde das Glück des Paares durch die Geburt eines Sohnes und einer Tochter.
Am Abend ihres dritten Hochzeitstages aber sah Niulang, als er eben vom Feld zurückkam, dass zu Hause Schreckliches geschehen sein musste: Die beiden Kinder weinten laut und Zhinü war spurlos verschwunden. Das alte Rind kam betrübt aus dem Stall geschlichen und erzählte Niulang, was vorgefallen war. Die Göttin Xiwangmu sei mit ihren himmlischen Kriegern gekommen, habe Zhinü wütend vorgeworfen, dass sie verantwortungslos sei und gegen die Gesetze des himmlischen Hofes verstoßen habe. Damit habe sie sich strafbar gemacht und müsse sofort zurückkehren. Dann sei die weinende Zhinü von den Kriegern gewaltsam verschleppt worden.

Während das alte Rind dies berichtete, zitterte es am ganzen Körper, und seine Stimme wurde mit jedem Satz schwächer. Es werde die nächste Stunde nicht mehr überleben, sagte es, wenn es aber gestorben sei, solle Niulang ihm seine Haut abziehen und diese als Mantel umlegen. Damit könne er zum Himmel fliegen und Zhinü vielleicht noch einholen. Kaum hatte es die letzten Worte geflüstert, gab das göttliche Rind seinen Geist auf. Niulang brach in Tränen aus, unterdrückte jedoch seinen Schmerz und folgte den Ratschlägen seines treuen Freundes. Er zog ihm die Haut ab und hüllte sich darin ein. Seine beiden Kinder setzte er in zwei Körbe, die er an einer Tragestange befestigte, und legte sich diese über die Schulter. Und tatsächlich stieg er durch die Kraft der göttlichen Rinderhaut empor und flog hinauf in den Himmel. Die drei segelten mit den Wolken und der Wind trieb sie immer schneller voran. Bald konnte er Zhinü und ihre Bewacher vor sich sehen und die beiden Kinder fingen an, laut nach ihrer Mutter zu rufen. Als Zhinü die Stimmen ihrer Kinder vernahm, blickte sie verzweifelt und sehnsuchtsvoll zurück. Xiwangmu jedoch hatte die Verfolger ebenfalls bemerkt, zog geschwind eine goldene Haarnadel aus ihrer Frisur und markierte damit eine Linie hinter sich. Und im Nu tat sich zwischen ihr und Niulang mit seinen Kindern ein schäumender, wogender Himmelsfluss auf, der für alle Sterblichen unüberwindbar war.

Von da an blieben die Liebenden getrennt. An den beiden Ufern des Himmelsflusses standen sie einander gegenüber, mit Tränen der Sehnsucht in den Augen. Doch bald sollte ihnen ein kleiner Trost zuteil werden: Von ihrem Schicksal, ihrer Trauer und vor allem von ihrer großen Liebe gerührt, flogen tausende und abertausende Elstern herbei. Mit ihren Körpern und den gespreizten Flügeln bildeten sie eine Brücke über dem Himmelsfluss, die es den Liebenden erlaubte, für kurze Zeit zusammenzukommen. Auch die Himmelskaiserin war gerührt und zeigte Erbarmen. Sie erlaubte dem Paar, sich einmal im Jahr, nämlich in der Nacht des siebten Tages des siebten Monats, auf dieser Elsternbrücke zu treffen.

Zu den Hintergründen

Die Erzählung von der tragischen Beziehung zwischen einem Hirtenjungen und dem himmlischen Webermädchen zählt zu den vier schönsten traditionellen Liebesgeschichten Chinas. Es ist eine verbotene Liebe zwischen Himmel und Erde, die aber fruchtbar ist, unter anderem, weil Zhinü die Seidenraupenzucht und Seidenweberei auf die Erde mitbringt. Die Weberin ist, wie auch die Göttin Nü Wa, eine Kulturheroin.

Die Liebesgeschichte zwischen Zihnü und Niulang steht im Mittelpunkt des Festes „Qixi". Nach dem chinesischen Mondkalender datiert, liegt es jeweils im August. Es ist das Fest der Liebenden und wird daher manchmal mit dem westlichen Valentinstag verglichen, einem Geschenktag mit christlichen Wurzeln, der aber erst nach dem Zweiten Weltkrieg nach Deutschland importiert wurde und heute vor allem von der Süßwarenindustrie und von Floristikunternehmen propagiert wird. Das Qixi-Fest in China ist eines, bei dem man sich abends möglichst draußen zusammensetzt und spindelförmige Teigfladen sowie Früchte isst. Es ist ein Fest, an dem die jungen Frauen ihre handwerklichen Fähigkeiten unter Beweis stellen und sich einen guten Mann wünschen. Wenn das Wetter es zulässt, blickt man in die Sterne, wo die Zusammenkunft der Liebenden stattfindet. Denn an diesem Datum treffen sich in unserer Galaxie, der Milchstraße, die Sterne Wega (Zhinü im Sternbild Leier) und Altair (Niulang im Sternbild Adler), für die der Stern Deneb (Sternbild Schwan) eine Art Brücke über den großen Fluss, also die Milchstraße, bildet. Die Astronomen sprechen bei dieser Sternenkonstellation auch vom sogenannten Sommerdreieck, das seinen höchsten Himmelsstand im August erreicht und sich daher mit dem ursprünglichen Datum des Mondkalenders deckt.

Allerdings regnet es in der Zeit dieses Festes oft in China. Das wird dann so interpretiert, dass die Tränen der Liebenden vom Himmel herabfallen. Während die einen darauf verweisen, dass dieser Regen Tränen der Freude über das Wiedersehen des Paares seien, sehen andere hier eher einen Ausdruck der Trauer angesichts der erzwungenen Trennung. Wenn aber der Regen an diesem Festtag ausbleibt, freuen sich die pragmatischen Chinesen auch, denn dann können sie die Nacht der „Doppel-Sieben" mit ihrer oder ihrem Liebsten im Freien verbringen.

In manchen ländlichen Gegenden wird auch des Rindes gedacht, und die Kinder sammeln Büschel wilder Blumen und hängen sie den Tieren an die Hörner. Das Rind hat in China eine besondere Bedeutung, weil es dem Menschen hilft, die Felder zu pflügen. Traditionell aßen viele Chinesen früher deshalb kein Rindfleisch, was sicher auch auf den Einfluss des Buddhismus zurückzuführen ist.

DER DICHTER QU YUAN

Wie ein Dichter, der seinem Land sehr verbunden ist, an der Torheit seines Königs und den Intrigen seiner Widersacher verzweifelt und das Drachenbootfest entsteht

Zur Zeit der Streitenden Reiche war China in mehrere kleine Königreiche und Fürstentümer aufgespalten. Die drei größten darunter waren Qin, Chu und Qi. Sie standen sich in zahlreichen Konflikten feindlich gegenüber und kämpften ständig offen oder verdeckt gegeneinander. Und so, wie im Großen Zwietracht, Streit, Verschwörung und Verrat die Beziehungen der Reiche prägten, war es auch im Kleinen, an den Höfen. Hier gab es Intrigen, Verschwörungen und zum Teil offene Gewalt. Von den drei größeren Reichen war Qin das stärkste und den anderen militärisch und wirtschaftlich weit überlegen. Sein machthungriger Herrscher Zhaowang trachtete stets danach, die übrigen Reiche zu unterwerfen. Um sich gegen die drohende Eroberung durch das übermächtige Reich Qin zur Wehr zu setzen, blieb den Herrschern der anderen Reiche nur die Möglichkeit, sich gegen den starken Gegner zu verbünden. In dieser Zeit lebte im Land Chu der berühmte Dichter Qu Yuan. Er bekleidete den Posten eines Ministers am Hofe und genoss den Ruf eines klugen, redlichen und stets auf Ehrlichkeit bedachten Beamten. Der König Huaiwang schätzte Qu

Yuans Rat sehr und beauftragte ihn mit wichtigen Aufgaben. Qu nutzte das Vertrauen seines Königs, um in seinem Land innere Reformen einzuführen und voranzutreiben, die bald zu einer erfreulichen wirtschaftlichen Entwicklung und zu allgemeinem Wohlstand führten. Aber er war auch außenpolitisch tätig und setzte sich entschlossen und energisch für ein Bündnis mit den anderen kleineren Reichen ein, um sie alle vor dem drohenden Zugriff Qins zu schützen. Es gelang ihm, ein Verteidigungsbündnis zwischen seinem Land Chu und dem benachbarten Reich Qi zu schließen.

Dieses Bündnis – und ebenso dessen Urheber Qu Yuan – waren Zhaowang, dem König von Qin, natürlich ein Dorn im Auge, denn sie waren ein Hindernis für seine Eroberungsgelüste. Auf den Rat seines verschlagenen Kanzlers Zhang Yi nahm er sich vor, Zwietracht zwischen den Reichen Chu und Qi zu säen, um das junge Bündnis aufzubrechen. Daher reiste Zhang Yi mit einer großen Summe Geldes im Gepäck nach Chu, um einige Minister des Nachbarreiches zu bestechen. Es gab dort nämlich solche, denen die wirtschaftlichen Reformen des Qu Yuan ungelegen kamen, weil sie ihre Möglichkeit, sich privat zu bereichern, gefährdet sahen. Diesen Herren versprach der hinterlistige Kanzler bei seinem Besuch reiche Belohnung, wenn es ihnen gelänge, den Dichter Qu Yuan aus dem Machtzentrum seines Königs Huaiwang zu verdrängen. Zhang Yis Vorhaben fiel bei den korrupten Höflingen auf fruchtbaren Boden, denn sie beneideten und hassten Qu Yuan. In der Folgezeit wurden sie immer wieder beim König Huaiwang vorstellig und schwärzten den Dichter auf üble Weise an. So erzählten sie dem Herrscher, Qu Yuan habe ihnen gegenüber wiederholt behauptet, alle Erfolge der Reformen seien auf ihn allein zurückzuführen, sein König sei schwach und fantasielos und habe nichts dazu beigetragen. Letztendlich

gelang es ihnen, den König von Qu Yuans angeblicher Überheblichkeit und Respektlosigkeit zu überzeugen, sodass Huaiwang ihn schließlich wortlos aus der Hauptstadt verbannte.
Doch die Intrigen des arglistigen Kanzlers Zhang Yi waren damit noch nicht beendet. Er bot dem König Huaiwang im Namen des Herrschers von Qin einige Ländereien an der Grenze zwischen den beiden Reichen an, wenn er bereit wäre, das Bündnis mit Qi aufzukündigen. Außerdem wisse er aus vertraulicher Quelle, dass nur Qi, als der Erbfeind von Qin, früher oder später angegriffen und unterworfen werden sollte. Warum solle der König von Chu für seinen Nachbarn die Kastanien aus dem Feuer holen, wo sein Reich doch unbehelligt bleiben könne? König Huaiwang lockte einerseits der versprochene Landgewinn, andererseits hatte er Furcht vor der möglichen Übermacht des Reiches Qin. Seine bestochenen Berater taten das Übrige, sodass er nach kurzer Überlegung das Bündnis mit Qi leichtsinnig aufkündigte.
Kaum war das geschehen, reiste Zhang Yi ab, und von dem versprochenen Grenzgebiet war keine Rede mehr. Huaiwang merkte, dass er übertölpelt worden war und ärgerte sich maßlos. Er bereute, dass er das Bündnis mit seinem Nachbarn Qi so leichtfertig aufgekündigt hatte und wollte gerne die freundschaftlichen Beziehungen zu Qi wiederherstellen. Er erkannte, dass für diese heikle Aufgabe nur Qu Yuan geeignet war und ließ ihn aus der Verbannung zurückholen. Dieser erwies sich des Vertrauens seines Königs als würdig und erledigte seine Mission so meisterhaft, dass der König von Qi dem treulosen Huaiwang verzieh und seine kampfbereiten Truppen, die er vorsorglich an der Grenze zu Chu aufgestellt hatte, wieder zurückzog.
Dass die Reiche Chu und Qi sich aufs Neue verbündet hatten, missfiel König Zhaowang von Qin natürlich sehr. Er sand-

te daher den Kanzler Zhang nochmals zu König Huaiwang, zuerst mit einem neuen Vorschlag für eine Abtretung von Land und dann mit einem verlockenden Heiratsangebot. Der hinterhältige Kanzler war sich bewusst, dass Huaiwang nun vielleicht misstrauisch ihm gegenüber war und sich an ihm für die falschen Versprechungen rächen könnte. Daher richtete er seine Bestechungsversuche zunächst wieder an die Minister, die sich schon beim ersten Mal als käuflich erwiesen hatten. Doch auch diese mussten befürchteten, dass ihnen der König nach ihrer letzten Fürsprache für Zhangs fatales Vorhaben nicht mehr vertraute und sie für neuerliche unseriöse Ratschläge vielleicht hart bestrafen würde. Daher wählten sie einen anderen Weg, um sich beim König Gehör zu verschaffen: Sie wandten sich an dessen Lieblingskonkubine, eine Frau namens Xiu. Sie boten all ihre heuchlerische Überredungskunst auf, um die schöne Frau davon zu überzeugen, dass ihre privilegierte Stellung am Hofe gefährdet wäre, sollte der König den Kanzler des Reiches Qin gefangen nehmen und bestrafen wollen. Denn der mächtige Zhaowang würde alles daransetzen, seinen Kanzler wieder zu bekommen. Und da er um Huaiwangs Leidenschaft für schöne Frauen wisse, sei als sicher anzunehmen, dass er ihm als Lösegeld ohne Zögern die schönsten Frauen seines Hofes anbieten werde. Das aber gefährde ihren gegenwärtigen Stand als bevorzugte Konkubine. Da ein solcher Verlust ihre größte Angst war, setzte sie sich mit allen ihr zur Verfügung stehenden verführerischen Mitteln erfolgreich dafür ein, Huaiwang von seinem Entschluss abzubringen, Zhang Yi zu bestrafen oder gar zu töten, ja sie schaffte es sogar, dass Huaiwang sich mit Zhang Yi versöhnte. Allerdings konnte sich Xiu nicht lange an ihrem Erfolg freuen, denn Zhang Yi teilte dem überraschten König mit, dass der König von Qin beabsichtigte, ihn mit seiner Tochter zu vermählen. Huaiwang hatte sie schon lange begehrt, denn sie war für ihre Schönheit berühmt. Verblendet, wie er war, beschloss Huaiwang, schon bald nach Qin zu fahren, um die junge Dame persönlich abzuholen. Zwar riet ihm Qu Yuan als sein engster Vertrauter dringend davon ab, erinnerte seinen König an die bittere erste Erfahrung mit Zhang Yi und warnte ihn eindringlich vor der Verschlagenheit dieses durchtriebenen Höflings. Aber Huaiwang schlug alle Warnungen in den Wind. Seinen Entschluss sollte er gleich nach seiner Ankunft am Hof von Qin tief bereuen. Kaum war er aus seiner Kutsche gestiegen, wurde er von den Soldaten des Königs von Qin festgenommen und in einen Kerker geworfen. Sämtliche Fluchtversuche waren erfolglos und so starb er nach drei Jahren Gefangenschaft einen jämmerlichen Tod in der Fremde.

Die Nachricht vom Tod seines verehrten Königs brach Qu Yuan fast das Herz. In einem langen Gedicht mit dem Titel "Lisao" prangerte er nicht nur den zerstörerischen Ehrgeiz des Qin-Herrschers an, sondern er wies auch auf die Schuldigen im eigenen Land hin, die dem tückischen Kanzler wiederholt auf den Leim gegangen waren. Der Konkubine Xiu und den bestochenen Höflingen entging nicht, dass sie gemeint waren, obwohl Qu Yuan ihre Namen nicht explizit erwähnte. Daher sorgten sie mit arglistigem Geschwätz umgehend dafür, dass Qu Yuan wieder ins Exil geschickt wurde, sobald Huaiwangs erster Sohn Xiangwang seinem Vater auf dem Thron nachgefolgt war. Diesmal wurde der rechtschaffene Dichter, der sein Land vor der Katastrophe bewahren wollte, in eine weit entfernte Gegend in der heutigen Provinz Hunan verbannt. Zunächst träumte er noch davon, von dem neuen, jugendlichen Herrscher wieder an den Hof zurückgeholt zu werden. Er wollte ihm seine Überlegungen und Ideen darlegen, wie er sein Land schützen und stärken, und wie er als Herrscher das

Leben seiner Bevölkerung verbessern könnte. Aber mit der Zeit geriet der getreue Diener des Landes Chu in Vergessenheit und seine Ideen für einen Bund der schwächeren Länder gegen den Herrscher von Qin fanden am Hof keinen Widerhall mehr.

Diese bittere Enttäuschung brachte Qu Yuan an den Rand des Wahnsinns und nur das Schreiben von Gedichten verhinderte, dass er in endlosen Trübsinn versank. In diesen brachte er seine bedingungslose Liebe zu seinem Land auf vielfältige Art poetisch zum Ausdruck. Bei der Bevölkerung von Chu, wo einige dieser Gedichte in Umlauf waren, gewann er damit großen Respekt und starkes Mitgefühl, sprach er ihnen in dieser demütigenden und hoffnungsleeren Zeit doch direkt aus dem Herzen.

Bald schon sollten sich Qu Yuans Vorahnungen auf traurige Weise bewahrheiten: Wie er befürchtet hatte, wurde das Königreich Chu wenige Jahre später von dem machtgierigen Herrscher Zhaowang unterworfen. Die Nachricht von der Eroberung der Hauptstadt durch die feindliche Armee zerriss Qu Yuan das Herz. Er wollte nicht Zeuge sein müssen, wie sein Land verwüstet wurde und seine Mitmenschen den Grausamkeiten der Soldaten von Qin ausgesetzt waren. Er war weder bereit, weiterhin mit dem grimmigen Feind auf demselben Grund und Boden zu leben, noch mit ihm dieselbe Luft zu teilen. Lieber wollte er sein Leben im Wasser beenden. Er ging hinunter zum Ufer des Flusses Miluo, nahm einen großen Stein, drückte ihn mit aller Kraft an sich und stürzte sich ins Wasser.

Als die Fischer und Bauern der Umgebung erfuhren, dass Qu Yuan sich ertränkt hatte, bestiegen sie sogleich ihre Boote und durchsuchten den Fluss nach seinem Leichnam, um diesen nicht den Fischen zum Fraß zu überlassen. Den ganzen Tag lang fuhren unzählige Boote auf dem Wasser auf und ab, und auch die Menschen am Ufer stocherten mit Stangen auf dem Grund herum. Aber alles war vergebens, nicht die geringste Spur von Qu Yuan ließ sich im Wasser finden. Betrübt und verwundert kehrten sie zurück und gelangten zu der Überzeugung, dass Qu Yuan gar nicht tot war, sondern vom Drachenkönig, der über den Fluss herrschte, gerettet worden war und nun in dessen Kristallpalast eine neue Heimat gefunden hatte. Sie machten sich Gedanken darüber, wie er wohl in dieser neuen Umgebung leben könne. Wie sie wussten, stammte der verehrte Dichter aus einem Reisanbaugebiet, weshalb er womöglich die Meeresfrüchte am Hof des Drachenkönigs gar vertrug. Um ihn nicht Hunger leiden zu lassen, beschlossen sie, gekochten Reis in den Fluss zu streuen. Aber, ach! Der Reis wurde sogleich von den herbeischwimmenden Fischen gefressen. Um dem vorzubeugen, kamen sie auf die Idee, die Reiskörner in Schilfblätter einzuwickeln und erst dann zu kochen. Auf diese Weise waren die Reisklößchen den gierigen Fischmäulern nicht zugänglich und erreichten unbeschadet den Grund des Flusses, wo sie Qu Yuan verspeisen konnte.

Zu den Hintergründen

Die Zeit der streitenden Reiche (475 – 221 v. Chr.), von der diese Legende erzählt, ist eine historische Epoche Chinas, aus der viele Erzählungen stammen. Die hier geschilderte berichtet von Intrigen und einem Vertragsbruch der Herrschenden, wie er in diesen Zeiten häufig vorkam. In den Romanen aus der Kaiserzeit werden solche raffinierten Intrigen immer wieder ausführlich erzählt. Die Zeit der streitenden Reiche ist aber auch eine, in der viele philosophische Strömungen entstanden oder sich ausbreiteten. Und am Ende die-

ser Zeit bildete sich das Kaisertum heraus, das anstelle des reinen Feudalstaates einen Beamtenstaat etablierte, der – wenn auch mit vielen Irrungen und Wirrungen – über 2000 Jahre Bestand hatte. Am Ende dieser Legende wird vom Freitod des berühmten Dichters berichtet sowie von den mythischen Vorstellungen seines Weiterlebens im Reich des Wasserdrachens. Diese Vorstellungen liegen einer Tradition zugrunde, die bis heute in ganz China verbreitet ist. Am fünften Tag des fünften Mondmonats, dem Jahrestag von Qu Yuans Freitod, wird das weltberühmte Drachenbootfest gefeiert. Dazu bereiten chinesische Familien aromatisch duftende, schmackhafte Reisklöße zu, die in Schilfblätter gewickelt gegart werden. Außerdem werden auf dem Fluss Wettkämpfe in großen Paddelbooten mit einem Drachenkopf am Bug ausgetragen. Dieser Tag ist einer der wichtigsten traditionellen Festtage der Chinesen. Sie gedenken auf diese Weise ihres großen Dichters Qu Yuan.

DIE WEISSE SCHLANGE

Über die große Liebe der weißen Schlange zu einem jungen Mann, die immer wieder von einem finsteren Mönch hintertrieben und bekämpft wird

In den E-Mei Bergen lebte einst eine weiße Schlange, die sich durch Meditation und geistige Vervollkommnung über tausend Jahre hinweg so weit entwickelt hatte, dass sie Menschengestalt annehmen konnte. Sie verwandelte sich in eine wunderschöne, anmutige junge Frau und nannte sich Suzhen („Weiße Keuscheit“). Auch ihrer Freundin, der grünen Schlange, gelang dies, sie verwandelte sich ebenfalls in eine junge Frau und nannte sich als solche Xiaoqing („Kleine Grüne“). Gemeinsam verließen die beiden Schlangenfrauen die E-Mei-Berge, Suzhen als feine Dame und Xiaoqing als ihre Zofe. Auf ihrer Reise kamen sie beim Ort Hangzhou an den Westsee. An dessen Ufer gingen sie spazieren und betrachteten die idyllische Landschaft. Als sie die Duanqiao-Brücke erreichten, begegneten sie einem gutaussehenden jungen Mann, von dem Suzhen ihren Blick gar nicht mehr abwenden konnte. Xiaoqing bemerkte wohl, was in ihrer Freundin vor sich ging, daher beschloss sie, ihr zu helfen und die beiden miteinander bekannt zu machen. Da sie sich aufs Zaubern verstand, rief sie eine Wolke herbei, aus der unversehens ein Platzregen

niederprasselte. Xu Xian, so hieß der junge Mann, wurde von dem Regen überrascht, als er gerade mit einem Boot nach Hause fahren wollte. Als er die beiden schönen Frauen inmitten des Regengusses bemerkte, holte er schnell seinen Schirm und überreichte ihnen diesen, während er selbst völlig durchnässt wurde. Da verliebte sich die weiße Schlange vollends in den aufmerksamen und sympathischen jungen Mann. Aber auch Xu Xian fühlte sich von der geheimnisvollen schönen Frau magisch angezogen. Sie besprachen, wie der geliehene Schirm seinem Besitzer zurückgegeben werden sollte, dann ging jeder seines Weges. So kam es zu einem erneuten Treffen zwischen den frisch Verliebten. Diesem folgte ein nächstes und so weiter, und schon bald feierten sie Hochzeit.

Xu hatte gerade seine Lehre in einer Apotheke abgeschlossen und war nun angehender Mediziner. Daher beschlossen die Frischvermählten, eine eigene Apotheke am Westsee zu eröffnen. Auch Suzhen erwies sich als ausgesprochen heilkundig, die Menschen aus der Stadt und der ganzen Umgebung freuten sich über das nette und hilfsbereite junge Paar.

In der Nähe aber, im Jinshan-Kloster, lebte der Mönch Fa Hai, ein finsterer Magier, der mit übersinnlichen Kräften ausgestattet war. Als er eines Tages dem jungen Paar und der Zofe begegnete, witterte er die Schlangennatur der beiden schönen Frauen und war überzeugt, dass Suzhen eine böse Hexe sei, die nur danach trachtete, den Menschen Unheil zuzufügen. Er suchte Xu Xian auf und teilte ihm seinen Verdacht mit. Er erzählte ihm auch, wie er die wahre Natur seiner Frau herausfinden könne. Xu Xian wollte ihm zuerst nicht glauben, begann dann aber doch, an seiner schönen Gemahlin zu zweifeln und betrachtete sie ab nun zuweilen mit anderen Augen. Schließlich, als das jährliche Drachenbootfest gekommen war, tat Xu Xian das, was ihm der zwielichtige Mönch geraten hatte. Die Tradition will es, dass man zu diesem Fest Xionghuang-Schnaps trinkt, um sich vor giftigen Insekten und Schlangenbissen zu schützen, da diese den Geruch des Schnapses verabscheuen. Xu überredete seine Frau, mit ihm ein Glas davon zu trinken. Suzhen ahnte nichts von der Intrige des Mönchs und, um ihren Mann nicht zu kränken, stimmte sie zu, obwohl sie genau wusste, dass sie dieses Getränk meiden sollte, zumal sie schwanger war. Kaum hatte sie einen Schluck davon genommen, wurde ihr übel. Sie befürchtete, dass ihr Schlimmes zustoßen würde. Sie teilte ihrem Mann mit, dass sie sich sofort hinlegen müsse, und bat ihn, sie in den nächsten Stunden nicht zu stören. Xu Xian aber erinnerte sich an die Einflüsterungen des Mönchs. Neugierig schlich er ins Schlafzimmer. Was er da erblickte, ließ ihn vor Schreck erstarren: Anstelle seiner geliebten Frau lag eine riesige weiße Schlange im Ehebett! Er wankte, ihm wurde schwarz vor Augen, und schließlich sank er tot zu Boden. Als sich die Wirkung des Alkohols verflüchtigt hatte und sich Suzhen langsam erholte, sah sie ihren Mann leblos am Bogen liegen. Verzweifelt über seinen Tod machte sie sich sofort auf den Weg ins Kunlun-Gebirge, um dort die sagenumwobenen Wunderpilze zu holen, aus denen sie ein Elixier zuzubereiten wusste, das ihrem Mann das Leben wiedergeben konnte.

Doch diese Wunderpilze zu bekommen, ist eine schwierige Aufgabe. Sie befinden sich im Besitz des Alten vom Südpol, des Gottes der Langlebigkeit. Der himmlische Hirsch und der Kranich bewachen sie streng. Als die weiße Schlange darum bat, ihr das Zaubermittel auszuhändigen, weigerten sich die beiden. Verzweifelt und entschlossen, nicht ohne das Zaubermittel zurückzukehren, stürzte sie sich auf die Wächter.

Es gelang ihr, den Hirsch zu bezwingen, doch dem Kranich, dem Erzfeind der Schlange, war sie nicht gewachsen. Während sie sich noch in seinen Fängen wand, griff der Alte vom Südpol plötzlich selbst ein. Er hatte das Geschehen beobachtet und war tief gerührt von der grenzenlosen Liebe und Tapferkeit der Schlangenfrau. Er wies den Kranich an, sie freizulassen und ihr das Zaubermittel zu schenken. So konnte Suzhen ihren geliebten Mann mit Hilfe des Elixiers, das sie aus den Pilzen braute, retten. Ins Leben zurückgeholt, erkannte Xu Xian die große Liebe seiner Frau zu ihm. Von da an führten die beiden eine noch glücklichere Ehe.

Doch gerade dieses Eheglück war dem finsteren Mönch Fa Hai ein Dorn im Auge. Er schlich sich nachts ins Haus der Eheleute, packte, fesselte und entführte Xu Xian und sperrte ihn in das Kloster Jinshan. Anderntags zwang er ihn, gegen seinen Willen ein Mönch zu werden und schor ihm den Schädel kahl. Als Suzhen erwachte und entdeckte, dass ihr Mann verschwunden war, bat sie ihre tatkräftige Freundin Xiaoqing flehentlich um Hilfe. Diese ahnte, wer hinter der heimtückischen Tat steckte und fand alsbald heraus, wohin der Mönch Xu Xian gebracht hatte. Die beiden Freundinnen berieten sich und beschlossen, zum nahe gelegenen Meer zu gehen und ihre Verwandten, die Meerhexen, um Hilfe gegen den zaubermächtigen Mönch zu bitten. Gemeinsam wirbelten sie eine gewaltige Flut auf, und eh man sich's versah, war das Jinshan-Kloster von Wasser überschwemmt. Fa Hai aber lag es fern aufzugeben: Mit seinem magischen Mönchsgewand bändigte er die Wasserfluten und verhinderte, dass das Kloster gänzlich fortgeschwemmt wurde. Da versiegte die Kampfkraft der weißen Schlange, denn sie war hochschwanger und die Geburtswehen setzten bereits ein. Entmutigt musste sie mit ihrer Freundin nach Hangzhou zurückkehren, und auch die Meerhexen zogen sich in ihr Element zurück. Kurz, bevor sie zu Hause ankamen, trafen Suzhen und Xiaoqing, als sie gerade die Duanqiao-Brücke überquerten, zu ihrer großen Überraschung und Erleichterung auf Xu Xian. Er hatte die Überschwemmung des Klosters zur Flucht genutzt. Überglücklich fielen sich alle drei in die Arme und vergossen viele Tränen der Rührung.

Zu Hause angekommen, brachte Suzhen einen gesunden Knaben zur Welt, zur großen Freude ihres Mannes und liebevoll begleitet von ihrer Freundin. Doch das Glück war nicht von Dauer. Der hinterlistige Mönch Fa Hai war ihnen heimlich gefolgt und sann auf Rache für den Angriff auf sein Kloster. Er machte sich die Tatsache, dass die Schlangenfrau nach der Geburt geschwächt war, zunutze. Nachts, als alles im Hause schlief, trat er leise an ihr Bett und verwandelte sie in eine kleine weiße Schlange. Er steckte sie in einen magischen Tontopf und vergrub diesen tief unter der Leifeng-Pagode am Westsee. Dann sprach er einen fürchterlichen Fluch aus: „Auf immer sollst du hier unter der Pagode gefangen sein, solange der Westsee nicht versiegt und die Pagode steht!" Hämisch lachend ging er davon.

Xiaoqing, die grüne Schlange, hatte zwar alles verfolgt, fühlte sich aber alleine nicht stark genug, um es mit dem üblen Mönch aufzunehmen. Nun, da alles verloren schien, floh sie zurück in die E-Mei Berge, um ihre Kräfte neu zu sammeln und ihre magische Kunst zu vervollkommnen. Nach langen Jahren der Meditation und Transzendenz fühlte sie sich endlich bereit, dem Mönch gegenüber zu treten. Sie kehrte zum Westsee zurück, wo sie den Mönch Fa Hai unverzüglich zum Kampf herausforderte. Dank ihrer nun gewaltigen Kräfte konnte sie ihn schließlich besiegen. Um seinen Fluch über ihre Freundin aufzuheben, leerte sie mit ihrer Magie den Westsee zu Gänze und brachte die Leifeng-Pagode zum Einsturz. Da war der Bann gebrochen und die Suzhen war nach langer Gefangenschaft endlich befreit. Besiegt und kraftlos blieb Fa Hai nichts anderes übrig, als im Körper eines Krebses Zuflucht zu suchen und schleunigst ins Meer zu verschwinden. Die Liebenden aber blieben für immer vereint.

Zu den Hintergründen

Die dramatische Geschichte der weißen Schlange ist in China und auch darüber hinaus sehr bekannt. Der Westsee nahe der Stadt Hangzhou mit der berühmten Duanqiao-Brücke gehört heute zum Weltkulturerbe und ist eine große touristische Attraktion. "Duanqiao" bedeutet „Gebrochene Brücke". Der Name stammt von der Beobachtung, dass die Brücke wie in der Mitte durchgebrochen aussieht, wenn es im Winter schneit und nur der oberste Teil der Brücke von Schnee bedeckt ist. Zur Berühmtheit dieser als typisch chinesisch empfundenen Gegend, trägt auch das Märchen von Suzhen, Xu Xian und Xiaoqing bei. Es wird in vielen Varianten, z.B. auch als Film oder Bildergeschichte, immer wieder erzählt. Besucher des Westsees wissen, dass sich an der berühmten Brücke einst ein junger Mann und seine schöne Schlangenfrau trafen.
Es gibt noch einen kulturellen Bezug zu dieser Geschichte zu berichten: Isst man Krebse, so findet man in deren Inneren einen Teil, der entfernt einem meditierenden Mönch ähnelt. Dieser Teil darf in China keinesfalls verspeist werden, da er als „Giftspeicher" betrachtet wird, der Verdauungsprobleme oder gar Krankheiten auslösen kann. Daher muss „Fahai", der böse Mönch, unbedingt entsorgt werden!

LIANG SHANBO UND ZHU YINGTAI

Wie Zhu Yingtai und Liang Shanbo als Freunde zueinander finden, ihre große Liebe entdecken, vom Schicksal getrennt werden und erst im Tod wieder vereint werden

Zhu Yingtai war die Tochter einer wohlhabenden Familie aus der ostchinesischen Provinz Zhejiang. Sie war wunderschön und sehr begabt. Da sie das einzige Kind ihrer Eltern war, gehörte ihr deren ganze Liebe. Von klein auf genoss sie in privatem Unterricht eine umfassende Ausbildung. Als sie das heiratsfähige Alter erreichte, begannen ihre Eltern unter zahlreichen Verehrern den besten für sie auszuwählen und ihr für die Ehe vorzuschlagen. Aber Zhu Yingtai interessierte sich für keinen dieser Kandidaten. Sie hatte ihre eigene Vorstellung von der Zukunft. Sie wollte zuerst zum Studium auf eine höhere Schule gehen und sich dann selbst einen Ehemann suchen. Ihren Eltern kamen diese Ideen höchst ungewöhnlich vor, denn weder durften Mädchen zu jener Zeit höhere Schulen besuchen, noch ohne die Erlaubnis der Eltern einen eigenen Ehepartner auswählen. Da sie ihre Tochter aber so sehr liebten, willigten sie schließlich ein. Sie erlaubten Zhu Yingtai den Besuch der höheren Schule unter der Bedingung, sich als Junge zu verkleiden und keiner Menschenseele zu verraten, dass sie in Wahrheit ein Mädchen war.

梁山伯與祝英臺

Das tat Zhu Yingtai und nannte sich ab nun Zhu Jiuguan. Auf der Schule in Hangzhou lernte sie ihren Mitschüler Liang Shanbo kennen, einen talentierten und tugendhaften jungen Mann. Sie studierten zusammen und wohnten in Gemeinschaft mit anderen Studenten, ohne dass Liang erkannte, dass Zhu tatsächlich eine Frau war. In den drei Jahren ihres Studiums wurden sie beste Freunde und gingen wie Brüder miteinander um. Kurz vor ihren Abschlussprüfungen erhielt Zhu Yingtai einen Brief von ihren Eltern, in dem sie aufgefordert wurde, sofort nach Hause zu kommen, da ihr Vater schwer krank sei. Umgehend fuhr sie nach Hause.

Zum Abschied machten Liang und Zhu einen langen Spaziergang entlang des Ufers des, mit Lotusblüten bedeckten Westsees bei Hangzhou. Immer wieder versuchte Zhu, Liang durch indirekte Hinweise auf ihr weibliches Wesen aufmerksam zu machen. Sie erwähnte die Entsprechung von Himmel und Erde, von Yin und Yang, ohne, dass Liang diese Andeutungen verstand. Das betrübte Zhu und sie musste innerlich tief seufzen. Da kam ihr jedoch der rettende Gedanke, Liang einzuladen, sie doch in ihrer Heimatstadt zu besuchen. Sie erzählte von einer jüngeren Schwester, die ihr in Charakter und Aussehen zum Verwechseln ähnlich sei und die sie ihm gerne vorstellen wolle. Nachdrücklich bat sie ihn, sich möglichst bald auf die Reise nach Zhejiang zu machen.

Als Zhu Yingtai zu Hause ankam, musste sie feststellen, dass ihre Eltern sie belogen hatten: Ihr Vater war keineswegs krank, sondern hatte seine Tochter in ihrer Abwesenheit mit dem Sohn einer reichen Familie verlobt. Der Vorwand hatte dazu gedient, sie nach Hause zu locken, damit sie sich auf die geplante Hochzeit vorbereiten konnte. Zhu Yingtai fühlte sich betrogen und überrumpelt. Sie fand keine passende Ausrede, die ihr Aufschub verschaffen konnte. Sie traute sich auch nicht, ihren Eltern zu verraten, dass sie sich in einen jungen Mann verliebt hatte, wohl auch, weil sie sich über Liang Shanbos Gefühle ihr gegenüber nicht sicher sein konnte.

Als Liang Shanbo einige Tage später wie versprochen zu Besuch kam, wurde er von einer bildschönen jungen Frau empfangen. Er hielt sie zuerst für die erwähnte jüngere Schwester seines Mitschülers. Doch zu seiner Verwirrung erfuhr er, dass die Familie nur eine einzige Tochter und keinen Sohn hatte. Doch als die junge Frau nun zu sprechen begann, erkannte er sie sogleich. Endlich ging ihm ein Licht auf und ihm wurde gewahr, dass Zhus Erfindung der jüngeren Schwester eigentlich eine Liebeserklärung an ihn gewesen war. In diesem Augenblick wurde ihm bewusst, dass er sich in Zhu verliebt hatte. Hätte er nur die leiseste Ahnung gehabt, er hätte längst und vielleicht schon tausendmal um ihre Hand angehalten! Aber jetzt war es zu spät: Sie war einem anderen versprochen und für ihn verloren.

Untröstlich stürmte er davon. Vor lauter Kummer über den Verlust seiner großen Liebe und darüber, dass er sein Leben nicht mit Zhu verbringen konnte, wurde er schwer krank und starb bald an gebrochenem Herzen. Sein letzter Wunsch war es, am Fuße des Qingdao-Berges, nahe Zhus Heimat begraben zu werden.

Als Zhu Yingtai vom Tod ihres Geliebten erfuhr, wurde sie unermesslich traurig und verzweifelte völlig. Nun war sie tatsächlich gezwungen, den Mann zu heiraten, den ihr Vater für sie ausgewählt hatte.

Als am Hochzeitstag der Brautzug auf dem Weg zum Haus der Bräutigams am Qingdao-Berg vorbeikam, brach urplötzlich ein Wirbelsturm los. Der Himmel verfinsterte sich und schlagartig wurde es stockdunkel. Dadurch kam der Brautzug neben Liangs Grab zum Stehen. Als Zhu Yingtai den Ort erkannte, an dem angehalten wurde, stieg sie trotz des Unwetters unverzüglich aus der Sänfte, kniete an dem Grab nieder und weinte bitterlich. Zum Entsetzen der Umstehenden tat sich das Grab, von Zhus Tränen benetzt, plötzlich auf. Ohne zu Zögern erhob sich Zhu Yingtai und sprang in das Grab hinein, um mit ihrem Geliebten vereint zu sein. Kaum war dies geschehen, endete der Wirbelsturm so abrupt, wie er begonnen hatte, die Wolken verzogen sich und es wurde wieder taghell. Als sich die Erde über dem Grab der beiden Liebenden langsam schloss, bemerkten die erschütterten Gäste zwei Schmetterlinge, die daraus emporstiegen. Gaukelnd umkreisten sie einander und flogen tanzend davon.

Zu den Hintergründen

Die Geschichte von Liang Shanbo und Zhu Yingtai wurde von Generation zu Generation überliefert. Wenn Chinesen heute zwei tanzende Schmetterlinge sehen, glauben sie deshalb gern, dieses verwandelte, unglückliche Paar vor sich zu haben. Die beiden Namen Liang Shanbo und Zhu Yingtai sind in China überall bekannt, ähnlich wie Romeo und Julia im Westen. Die Geschichte gilt in den Augen der Chinesen als die schönste Geschichte über wahre Liebe. Sie ist so einflussreich, dass sich fast jede Literaturgattung und alle Kunstformen mit dem Thema dieser Erzählung auseinandergesetzt haben. Es gibt zahlreiche Balladen, Romane, Filme, Ballette, Opern, Dramen usw. über diese unglückliche Liebe. Zu den bekanntesten Stücken gehört das Violinkonzert „Liang Shanbo und Zhu Yingtai", komponiert von He Zhanhao und Chen Gang in den 50er-Jahren des vergangenen Jahrhunderts.

MENG JIANG NÜ WEINT AN DER MAUER

Wie eine junge Frau ihrem Mann an die Große Mauer folgt und ihm über den Tod hinaus die eheliche Treue hält

Meng Jiang Nü war ein kluges und schönes Mädchen aus gutem Hause. Ihre Familie lebte in der südchinesischen Stadt Suzhou. Als sie an einem herrlichen Frühlingstag einen Spaziergang im Garten ihres Elternhauses unternahm, klopfte plötzlich ein junger Mann hastig und voller Panik an das Gartentor. Meng Jiang Nü ließ ihm die Tür aufmachen und ihn hereinbitten. Sie erfuhr, dass der junge, schmächtige Mann Wan Xiliang hieß und ein konfuzianischer Gelehrter war. Er war auf der Flucht vor Beamten und Soldaten, die ihn verfolgten, weil er zum Frondienst an der Großen Mauer abkommandiert worden war und sich umgehend an die nordchinesische Grenze begeben sollte.

„Wie könnte ein so zierlicher Körper die schwere Knochenarbeit ertragen?“, fragten sich Meng Jiang Nü und ihre Eltern, denn sie empfanden großes Mitleid mit dem jungen Gelehrten. So boten sie ihm in ihrem Haus Zuflucht vor seinen Verfolgern an. Um ihn zu schützen und auch, um die Tatsache zu rechtfertigen, dass sie ihn als Mitglied in ihre Familie aufnah-

men, verheirateten die Eltern ihre Tochter kurzerhand mit dem jungen Xiliang. Doch die Nachricht, dass das Haus neuerdings einen jungen Mann beherbergte, machte in der Nachbarschaft bald die Runde und kam auch demjenigen Beamten zu Ohren, der für die Rekrutierung der Arbeitskräfte zuständig war. So konnte Wan Xiliang trotz der verzweifelten Versuche der Familie, ihn zu schützen, der Zwangsrekrutierung nicht entkommen. Schon drei Tage nach der Hochzeit sollte er ohne weiteren Aufschub nach Nordchina zum Frondienst geschickt werden. Als der unfreiwillige Abschied unmittelbar bevorstand, brachen die frisch Vermählten in Tränen aus.

Ein halbes Jahr verging, ohne dass Meng Jiang Nü ein Lebenszeichen von ihrem Mann erhielt. Sie machte sich große Sorgen um ihn, zumal er für die Kälte im Norden gar nicht ausgerüstet war. Daher nähte sie fleißig warme Kleider für ihn und schließlich reiste sie Wan Xiliang nach, um ihm diese Wintersachen zu bringen. Es ist kaum vorstellbar, welche Schwierigkeiten sie, als alleine reisende junge Frau, unterwegs zu überwinden hatte, bis sie endlich die Baustelle an der Großen Mauer erreichte. Aber zu ihrem großen Unglück kam sie zu spät: Ihr Mann war bei der harten Knochenarbeit bereits ums Leben gekommen, und seine Leiche war, wie die vieler anderer, achtlos mit allerlei Steinen und Gestrüpp als „Füllmaterial" in das innere der Mauer eingebaut worden. Als Meng Jiang Nü diese Hiobsbotschaft vernahm, wurde sie ohnmächtig. Sobald sie aus ihrer Ohnmacht erwachte, setzte sie sich am Fuße der Mauer nieder und fing bitterlich an zu weinen. So saß sie viele Tage und Nächte und ihre Tränen flossen unaufhörlich. Allmählich wurde dort, wo ihre Tränenflut in den Boden sickerte, ein Abschnitt des Mauerfundaments stark aufgeweicht. Schließlich brach ein ganzes Stück davon ein und die Leichen der vielen Opfer wurden sichtbar. Meng Jiang

Nü biss sich in einen ihrer Finger, und benetzte mit ihrem Blut die Verstorbenen. Dabei betete sie, dass ihr Blut auch den Körper ihres zu Tode gekommenen Mannes erreichen möge. Ihre Bitten wurden erhört, die Blutstropfen fanden den Weg zu Wang Xilians Leichnam. Als sie ihn entdeckte, bettete sie ihn in ihren Schoß und weigerte sich, ihn wieder loszulassen. Diese rührende Geschichte ehelicher Treue wurde Kaiser Qin Shihuandi berichtet. Durch den ungewöhnlichen Bericht neugierig geworden, verlangte er die junge Frau zu sehen, die so große Treue bewiesen hatte. Sobald sie ihm vorgestellt wurde, verliebte er sich in die schöne junge Witwe und begehrte sie zur Konkubine. Meng Jiang Nü willigte ein, stellte jedoch die Bedingung, dass ihr verstorbener Mann ein ordentliches und würdevolles Begräbnis am nächstgelegenen Meeresufer bekommen solle. Der Kaiser war nicht nur mit ihrem Wunsch einverstanden, er ließ sogar ein Staatsbegräbnis für den Toten ausrichten. Kaum war jedoch der letzte Ton der feierlichen Trauermusik verklungen, stürzte sich die trauernde Witwe in die Fluten. Die Bewohner der Umgebung, die von der beispielhaften Treue Meng Jiang Nüs beeindruckt waren, wollten und konnten aber nicht glauben, dass eine so mutige, bildschöne und treue Frau einfach ertrunken sei. Vielmehr waren sie davon überzeugt, dass Meng Jiang Nü gar nicht tot sei, sondern sich in eine Meeresgöttin verwandelt habe. Daher bauten sie einen herrlichen Tempel für diese Frau, die sie von nun an als Göttin verehrten.

Zu den Hintergründen

Die Entstehung der großen Mauer, die mit Sicherheit zu den großartigsten Bauwerken der Welt zählt, ist auf Qin Shihuandi, den

Ersten Kaiser Chinas, zurückzuführen. Als er China im Jahr 221 v. Chr. vereinigte, beschloss er, sein neues Reich nach Norden hin durch eine Mauer vor den immer wieder einfallenden Nomadenstämmen zu schützen. Sein eigentlicher Verdienst bestand nicht in der Errichtung einer neuen Mauer, sondern in der genialen Idee, die bereits existierenden Grenzwälle der von ihm unterworfenen chinesischen Einzelstaaten zu einem durchgehenden Schutzwall zu verbinden. Zahlreiche chinesische Volkserzählungen ranken sich um das Schicksal der zum Mauerbau in die Grenzgebiete verschickten Arbeiter und deren Familien. Die Geschichte von Meng Jiang Nü ist davon die bekannteste.

Die Große Mauer heißt im Sprachgebrauch der Chinesen „10000 Li lange Mauer". Das alte Streckenmaß „Li" misst etwa 500 Meter. Demnach wäre die Mauer also 5000 km lang. Rechnet man aber alle Teilstücke zusammen, die im Laufe der letzten 2000 Jahre erbaut wurden, so kommt man auf insgesamt fast 50000 Kilometer Länge, mehr als der Umfang des Erdballs misst. Soldaten, Sträflinge und zwangsrekrutierte Bauern führten die Schwerstarbeit in den gefährlichen Grenzregionen aus. Quellen aus dem 6. und 7. Jh n.Chr. zufolge wurden ein bis zwei Millionen Arbeiter zum Mauerbau eingesetzt.

Die rührende Geschichte der Meng Jiang Nü ist in China sehr bekannt und gilt als leuchtendes Beispiel für eheliche Treue über den Tod des Partners hinaus. Ab der Zeit der Han-Dynastie forderte man von Frauen die sogenannte „Witwenkeuschheit", und noch in der Ming-Zeit wurden Witwen für solch vorbildhaftes Verhalten offiziell geehrt. Die Treue eines Mannes hatte dagegen keinen derartigen Stellenwert. Für sie galt es durchaus als schicklich, zu Kurtisanen zu gehen oder sogar Konkubinen in ihren Haushalt aufzunehmen. Den hier erwähnten Tempel mit einer Statue der legendären Meng Jiang Nü gibt es tatsächlich. Er ist ein viel besuchter Touristenort am Shanhaiguan-Pass in der Nähe der Stadt Qinhuangdao, etwa 200 km östlich von Peking, wo ein Abschnitt der Großen Mauer beginnt.

DIE GROSSE LIEBE DER FISCHFRAU

Wie man hochstehende Beamte überlistet, und wie eine Liebesbeziehung zwischen Mann und Frau aus verschiedenen Welten möglich wird

Vor mehr als 1000 Jahren lebten in der Stadt Shangqiu in der Provinz Henan zwei junge konfuzianische Gelehrte. Zhang Wenxiang und Jin Chong hatten sich bei der Vorbereitung auf die anspruchsvollen kaiserlichen Beamtenprüfungen kennengelernt und waren im Laufe ihrer Studienzeit zu engen Freunden geworden. Beide waren verheiratet und hatten Kinder. Familie Zhang hatte einen Sohn namens Zhen, was so viel bedeutet wie „Wertvoller Schatz". Familie Jin hatte eine Tochter, die Eltern hatten ihr den Namen Mudan gegeben, also „Pfingstrose". Um ihre Freundschaft noch zu vertiefen und die Familien für immer zu verbinden, beschlossen die beiden Männer, ihre Kinder miteinander zu verloben, obwohl diese noch sehr klein waren. Nachdem sie die kaiserlichen Prüfungen erfolgreich bestandenen hatten, erhielten sie beide den Beamtenstatus, doch ihre Wege trennten sich. Während Mudans Vater Jin Chong in die Hauptstadt Kaifeng versetzt wurde, schnell die Karriereleiter erklomm und schließlich gar zum kaiserlichen Kanzler befördert wurde, blieb Zhens Vater Zhang Wenxiang in seiner Heimatprovinz, wo er als Ortsvor-

steher tätig war. Während Familie Jin immer wohlhabender und einflussreicher wurde, führte Familie Zhang ein einfaches Dasein. Bald beschränkte sich die Freundschaft der beiden Männer nur noch auf einen gelegentlichen Austausch von Briefen, der jedoch immer seltener wurde, bis er schließlich ganz eingestellt wurde.

Als Zhen zwölf Jahre alt war, starb sein Vater, und seine Mutter musste ihn von da an alleine versorgen. Sie litten unter ihrer Armut und hatten viele Entbehrungen zu ertragen. Eine neue Ehe kam für die Mutter nicht infrage, dies wäre für eine verwitwete Frau eine große Schande gewesen. Das harte Leben setzte der Mutter zu, und als ihr Sohn das achtzehnte Lebensjahr erreichte, lag sie im Sterben. Sie rief Zhen zu sich an ihr Lager und sprach: „Mein lieber Sohn, wie dein Vater bereitest du dich auf die kaiserlichen Prüfungen vor, aber ich kann dir von nun an nicht mehr helfen. Das hier ist unser letztes Stück Silber, damit kannst du die Kosten meiner Beerdigung decken. Von dem, was übrig bleibt, wirst du die Reise zu deinen künftigen Schwiegereltern bezahlen können – dort gehe hin, denn dort liegt deine Zukunft!" Dann zog sie mit zitternder Hand einen Brief unter dem Kopfkissen hervor, den letzten Brief Jin Chongs, in dem er die genaue Lage seines Hauses in der Hauptstadt beschrieben hatte. „Bewahre diesen Brief gut auf, er ist überaus wichtig für dich, denn dein künftiger Schwiegervater wird dich unterstützen, damit du deine Ausbildung vollenden und seine Tochter heiraten kannst."

Nachdem die Mutter gestorben war und er für eine würdige Beerdigung gesorgt hatte, machte sich Zhen auf den Weg in die Hauptstadt und begab sich auf direktem Wege zum Haus des Kanzlers Jin Chong. Als der Jüngling in seiner schäbigen Kleidung schließlich zu diesem vorgelassen wurde, schaute ihn der Kanzler von oben herab an und fragte ungeduldig, was er von ihm wolle. Zhen Chong stellte sich als Sohn seines verstorbenen Freundes Wenxiang vor und übergab ihm den Brief. Da erschrak Jin Chong, denn er hatte dieses frühe Versprechen schon beinahe vergessen. Nach eingehender Prüfung des Briefes von seiner eigenen Hand konnte er nicht umhin, die Identität des jungen Mannes anzuerkennen und die Rechtmäßigkeit seines Anspruchs zu akzeptieren. Doch die Idee, seine Tochter mit diesem mittellosen Jungen aus der Provinz zu verheiraten, gefiel ihm nicht. Nur aus Sorge darüber, dass ihn seine Familie moralisch unter Druck setzen könnte und auch, weil er fürchtete, in der Gesellschaft als jemand, der seine Versprechen nicht hält, bloßgestellt zu werden, ließ er den jungen Mann nicht sofort aus seinem Haus werfen. Als hoher kaiserlicher Beamter war er nämlich angehalten, die konfuzianischen Grundtugenden wie Menschlichkeit, Gerechtigkeit und Glaubwürdigkeit hochzuhalten. Aber er weigerte sich, Zhen seiner Frau und seiner Tochter vorzustellen. Er ließ ihn nicht einmal ins Innere seines Hauses vor, sondern wies ihm im hinteren Garten einen schäbigen Schuppen zu. „Hier kannst und sollst du nun in Ruhe und mit großem Fleiß deine Klassiker studieren, um dich auf die nächste kaiserliche Prüfung vorzubereiten. Solltest du jedoch bei diesen Prüfungen nicht den ersten Platz belegen, kann ich der Eheschließung mit meiner Tochter unmöglich zustimmen", sagte er barsch und überließ den jungen Mann sich selbst.

So fand sich Zhen in einer merkwürdigen Lage wieder: Formal betrachtet war er der zukünftige Schwiegersohn des amtierenden Kanzlers und sollte nach den Sitten und Gebräuchen seiner Zeit eigentlich im Haus der Schwiegereltern als hoher Gast aufgenommen werden. Tatsächlich aber wurde er ausgestoßen und lebte wie ein Gefangener, was ihm schwer zu schaffen machte. Immerhin hatte er ein Dach über dem Kopf und war versorgt, sodass er seinem Studium nachgehen konnte. Wenn er aber seine Verlobte heiraten wollte, musste er die Prüfungen als Bester bestehen, was ihm völlig aussichtslos erschien. Daher seufze er oftmals schwer, wenn er über seine Bücher gebeugt in seinem Studierzimmer saß.

Um sich zu zerstreuen, ging Zhen abends oft zu einem Fischteich, der in der Nähe seiner Behausung lag. Dort setzte er sich ins Gras und hing seinen schwermütigen Gedanken nach. In diesem Teich lebten etliche Wassertiere, darunter auch ein großer Karpfen, von dem es hieß, dass er schon einige hundert Jahre alt sei. Zhen beobachtete den Karpfen, der im Wasser ruhig seine Bahnen zog. Und als dieser einmal in seiner Nähe aus dem Wasser lugte und ihn anzusehen schien, sprach er ihn an, so als könne ihn der Fisch verstehen: „Ach, guter Fisch, weißt du, wie einsam ich bin? Ja, auch du bist allein, aber dir geht es besser als mir, weil ich dich oft besuchen komme. Mich aber besucht keiner, ich lebe hier wie ein Gefangener." Kaum hörte er sich so sprechen, schämte er sich und kam sich lächerlich vor, dass er mit einem Fisch redete, der ihn doch nicht verstehen, geschweige denn ihm antworten konnte. So kehrte er mit hängendem Kopf wieder in seine Unterkunft zurück. Doch seine Einsamkeit und sein Unglück drückten ihn derart nieder, dass er sich nicht mehr auf seine Bücher konzentrieren konnte. Er beschloss daher, früher als sonst zu Bett zu gehen.

Als er beinahe eingeschlafen war, klopfte es leise an seiner Tür. Verwundert stand er auf und seine Überraschung wurde noch größer, als er die Tür öffnete, und eine hübsche junge Frau vor sich stehen sah. Sie trat auf ihn zu und stellte sich ihm flüsternd vor: „Ich bin Mudan, deine Verlobte. Ich kenne die Härte meines Vaters und habe erfahren, wie schlecht er dich behandelt. Ich bewundere dich, dass du unter diesen schweren

Bedingungen noch so fleißig studierst. Ich bin sicher, dass du die kaiserlichen Prüfungen erfolgreich bestehen wirst." Zhens Herz schlug zwar vor Freude höher, doch besorgt und bedrückt antwortete er sogleich: „Wenn ich nicht den ersten Platz bei der Prüfung belege, darf ich dich gar nicht heiraten. So hat es dein Vater bestimmt." - „Ich weiß", antwortete Mudan, „es vergeht kein Tag, an dem mein Vater nicht darüber grübelt, wie er unsere Verlobung auflösen könnte, ohne sein Gesicht zu verlieren. Aber ich werde keinen anderen heiraten. Ab heute nutze ich aus Liebe zu dir jede Gelegenheit, dich in deinem Studium zu begleiten, damit du dich nicht einsam fühlst." Zhen war tief bewegt und hatte dennoch große Bedenken: „Wenn wir von deinem Vater erwischt werden, hätte das schwere Folgen für dich, dein Ruf wäre beschädigt, denn noch bist du zur Keuschheit verpflichtet." Die junge Frau zerstreute seine Befürchtungen: „Sei ohne Sorge! Ich werde meine treue Dienerin anweisen, dass sie mir abends heimlich die Tür zum Hintergarten offenlässt. Wenn wir sehr vorsichtig sind, fällt das niemandem auf."

Von da an besuchte Mudan ihren Verlobten fast jeden Abend. Wenn er zu lesen begann, entzündete sie die Kerzen für ihn. Wenn er sich im Schreiben üben wollte, rührte sie Tusche an und tauchte den Pinsel für ihn ein. Wenn es heiß war, fächerte sie ihm Kühlung zu. Wenn es kalt war, brachte sie ihm warme Kleider. Ab und zu umarmten sie sich und küssten einander sogar. Aber weiter gingen ihre Zärtlichkeiten nicht. Obwohl sich Mudan immer schon frühzeitig verabschiedete, empfand Zhen die langen Nächte nun nicht mehr als quälend, im Gegenteil: Freudig stürzte er sich in seine Studien und machte dabei große Fortschritte.

Als Zhen eines Tages im Hintergarten spazieren ging, sah er Mudan auf der anderen Seite ebenfalls durch den Garten ge-

hen. Rasch pflückte er eine Blume, trat von hinten leise an sie heran und versuchte, ihr die Blume ins Haar zu stecken. Das Mädchen drehte sich verdutzt um, aber anstatt sich zu freuen, begann sie laut um Hilfe zu rufen. Einige Bedienstete sowie der Kanzler Jin und seine Gemahlin eilten sogleich herbei. „Dieser Fremde wollte mich belästigen, glücklicherweise seid ihr rechtzeitig gekommen!", sagte Mudan erleichtert. Jin beruhigte sie: „Meine geliebte Tochter, das ist Zhang Zhen, der Sohn eines ehemaligen, lange verstorbenen Freundes von mir. Aus reinem Mitleid stelle ich ihm eine Unterkunft zur Verfügung, damit er sich auf die kaiserlichen Prüfungen vorbereiten kann. Sobald diese vorbei sind, wird er unser Haus verlassen." Dann wies er Zhen zurecht: „Schäme dich für dein Benehmen! Wenn du dich nicht auf dein Studium konzentrierst, lasse ich dich sofort davonjagen!"
Mehr als die Worte des Kanzlers verwirrte den jungen Mann Mudans befremdliches Verhalten, ihre offensichtliche Kälte ihm gegenüber und die Worte, die sie zu ihren Eltern gesagt hatte. Sprach sie etwa mit gespaltener Zunge? An die Ehe mit ihr war nach diesem Vorfall wohl nicht mehr zu denken. Entmutigt ging er in seine Stube, packte seine Sachen und wartete, bis es dunkel wurde, um sich dann unauffällig aus dem Staub zu machen. Als er gerade aufbrechen wollte, stand aber Mudan wieder vor ihm. Zhen versuchte sie zu ignorieren, aber sie sagte mit Tränen in den Augen: „Ich weiß, dass du dich wegen heute Nachmittag über mich ärgerst. Aber versetze dich bitte in meine Lage! Meine Eltern waren in der Nähe. Ich musste doch vortäuschen, dich überhaupt nicht zu kennen. Wenn ich dir erlaubt hätte, mich zu berühren, hätten meine Eltern sofort Verdacht geschöpft." Zhen wischte die Tränen von Mudans Wangen: „Verzeih mir bitte! Die Wärme und Liebe, die du mir geschenkt hast, werde ich nie vergessen. Doch

jetzt muss ich diesen Ort schleunigst verlassen, bevor ich von hier weggejagt werde." Zu seinem großen Erstaunen hörte er Mudan antworten: „Ich bin bereit, auf das behütete Leben zu verzichten und mit dir mein Elternhaus zu verlassen. Dass du dich zu diesem Schritt entschlossen hast, kommt meinem Vorhaben entgegen. Ich plante schon seit einer Weile, mich von dir entführen zu lassen. Ich habe zwar nicht viel Geld, aber ich bin eine begabte Malerin. Meine Kunst wird uns eine Zeitlang ernähren."

Schneller als Worte erzählen können, verließen sie in der Dunkelheit heimlich das Haus des Kanzlers. Als sie aber in die Straßen der Stadt einbogen, stellten sie überrascht fest, dass diese mit hell erleuchteten, bunten Laternen geschmückt waren. Die ganze Stadt schien auf den Beinen zu sein, um die Laternenpracht zu bewundern. Daher war an diesem Abend auch Kanzler Jin Chong unterwegs und ausgerechnet ihm sollten sie begegnen. Als Mudan ihn von Weitem kommen sah, fasste sie Zhen am Arm und zog ihn schnell in eine Nebengasse, aber einer der Diener hatte sie schon erblickt und seinen Herrn auf die beiden aufmerksam gemacht. Der Kanzler wollte seinen Augen nicht trauen, als man das junge Paar eingeholt hatte. Mit hochrotem Kopf ließ er sie sofort festnehmen. Zuhause angekommen, machte er seiner Frau bittere Vorwürfe. „Wieso hast du deine Aufsichtspflicht gegenüber unserer Tochter so vernachlässigt? Um ein Haar wäre sie von diesem Teufelsjungen Zhang Zhen entführt worden!" Frau Jin aber lachte laut auf: „Mein Herr, du bist alt geworden und deine Sehkraft muss stark nachgelassen haben. Unsere Tochter war die ganze Zeit über zu Hause, gerade eben war sie noch im Wohnzimmer. Du hast sie bestimmt mit jemand anderem verwechselt!" Jin antwortete nicht, sondern ließ Mudan und Zhen herbeiführen. Der Anblick machte Frau Jin sprachlos.

Nun ließ der Kanzler Zhen fesseln, um ihn vor Gericht zu bringen. Aber Mudan wehrte sich heftig und schrie wie ein verwöhntes Kind: „Ich habe durch eine Dienerin von dem großen Laternenfest in der Stadt erfahren, da bin ich dir, Vater, heimlich gefolgt. Ganz zufällig habe ich Zhang Zhen getroffen und nur aus Höflichkeit ein paar Worte mit ihm gewechselt." Die Eltern wollten ihrer Geschichte nicht recht glauben, und der Vater wies seine Tochter an, sich in ihr Frauengemach zurückzuziehen. Als sie jedoch auf dem Weg zu ihrem Zimmer die Treppe emporstieg, kam ihr eine junge Frau entgegen, die ihr glich wie ein Ei dem anderen. Als die verblüfften Dienerinnen die beiden Frauen einander gegenüberstehen sahen, trauten sie ihren Augen nicht und riefen das Kanzlerehepaar herbei. Die beiden Mudans fingen auch sofort an, tüchtig miteinander zu streiten, wer von ihnen die echte sei. Das herbeigeeilte Ehepaar betrachtete die beiden ungläubig, denn beim besten Willen vermochten sie nicht zu sagen, welche nun wirklich ihre Tochter war.

Daher beschloss der ratlose Kanzler am folgenden Morgen, den Präfekten von Kaifeng, Herrn Bao, in seine Residenz einzuladen. Bao war ein berühmter Richter, der den Ruf hatte, sehr weise zu sein. Die beiden Mudans ließ Jin Chong gemeinsam in ihr Zimmer einsperren, wo sie sich noch eine ganze Weile weiter zankten, bis eine der beiden ermüdet ins Bett sank und einschlief. Kaum aber war sie eingeschlafen, schlüpfte die andere durch die verschlossene Tür, schlich sich unbemerkt aus dem Haus und lief hinab zum Fischteich, wo die wandelbare Fischfrau ihre ursprüngliche Karpfengestalt wieder annahm. Sie rief ihre Freundin, die Schildkröte, sowie einige Wasserhexen zusammen, erzählte ihnen die ganze Geschichte und bat sie um Hilfe. So schmiedeten die Verschwörerinnen noch in der Nacht einen ausgeklügelten Plan für das morgige Tribunal mit dem Präfekten. Anschließend schlich die Fischfrau wieder unbemerkt in Mudans Gestalt, die ihr schon zur zweiten Natur geworden war, ins Haus zurück.

Am folgenden Morgen besuchten der weise Präfekt Bao und seine vier Kommissare den Kanzler, der sie überaus höflich empfing. Kaum aber hatten die Gäste in der Empfangshalle Platz genommen, als der überraschte Pförtner dem Kanzler erneut den Besuch des Präfekten anmeldete. Auch dieser zweite Präfekt wurde mit seinem Gefolge hereingeführt, was den Kanzler vollkommen aus der Fassung brachte. Die beiden Präfekten traten aufeinander zu und musterten einander skeptisch. Jin konnte nicht sagen, wer der echte war, daher traute er sich auch nicht, einen der beiden abzuweisen, da er fürchtete, allenfalls den echten Präfekten zu beleidigen. So bat er alle hohen Gäste in sein Residenzzimmer zum Verhör der Beschuldigten, die sogleich hergeholt wurden: die beiden jungen Frauen, die einander aufs Haar glichen, und der junge Zhen. Als der Kanzler diese skurrile Versammlung erblickte, brachte ihn die Verwirrung an den Rand eines Nervenzusammenbruchs.

Der echte Präfekt hatte sich insgeheim bereits eine Strategie zurechtgelegt, wie er die Wahrheit ans Licht bringen wollte: Er verkündete, durch den Versuch, Mudan zu entführen, habe Zhang Zhen die Großzügigkeit und das Vertrauen seines Schwiegervaters missbraucht. Dies sei eine ruchlose Straftat. Er wolle ihn nun auf der Stelle foltern lassen, bis er seine Tat gestand. Als seine Schergen Zhang Zhen packten, beobachtete der Präfekt aus den Augenwinkeln die beiden jungen Damen. Während die echte Mudan gleichgültig dreinschaute, brach die verwandelte Fischfrau sofort in Tränen aus. Da lächelte der Präfekt siegesgewiss: „Geschätzter Herr Kanzler, es liegt auf der Hand, dass diejenige, die da weint, die falsche Mudan ist, denn die echte Mudan kennt Zhang Zhen kaum und empfindet keinerlei Zuneigung für ihn, wie Sie mir gestern schon sagten. Diese falsche Mudan aber nehme ich gleich mit, um sie weiter zu verhören."

Da aber fuhr die Schildkröte, in Gestalt des zweiten Herrn Bao, erzürnt dazwischen und sprach gebieterisch: „Halt! Noch nie habe ich erlebt, dass man auf eine derart oberflächliche Art und Weise solch einen schwierigen Fall aufgeklärt hätte, Herr Kollege! Ihr habt dem Betroffenen nicht einmal Gelegenheit gegeben, sich zu äußern und zu verteidigen und wollt gleich die Folter gegen ihn anwenden? Euer Urteil basiert lediglich auf einer Aussage des Kanzlers. Ist das die Gerechtigkeit, die ein Präfekt vertritt? Das alles erweckt bei mir den Eindruck, dass Ihr mit ihm unter einer Decke steckt und nur ein geschickt verkleideter Schauspieler seid." Der echte Präfekt wollte erst ob dieser Ungehörigkeit aufbrausen, da er aber ein weiser Mann war, ließ er die Anschuldigungen seines Gegenspielers vorerst so stehen, im stillen Vertrauen darauf, dass die Wahrheit früher oder später ans Licht kommen werde.

Die Schildkröte wandte sich daraufhin an Zhang Zhen: „Mir liegt viel an Gerechtigkeit, daher brauchst du keine Angst zu haben. Erzähle uns unerschrocken deine Erlebnisse seit deiner Ankunft hier im Hause des Kanzlers!" Zhen kam dieser Aufforderung gerne nach, erzählte von der Freundschaft seines Vaters mit Jin Chong, von der frühen Verlobung im Kindesalter, der bitteren Armut, die er seit dem Tod des Vaters zu erleiden gehabt hatte, und dem, was er seit seiner Ankunft hier erlebt hatte. Als er mit der Schilderung seiner Geschichte zu Ende war, sah die Schildkröte den Präfekten triumphierend an: „Geschätzter Kollege, seht Ihr nun, was noch alles hinter dieser Anklage wegen einer angeblichen Entführung steckt?" Dem echten Präfekten Bao fiel es dank seiner Klugheit nicht

schwer, die Ehrlichkeit Zhang Zhens zu erkennen und die unredliche Handlungsweise des Kanzlers zu durchzuschauen, während dieser betreten und schamvoll vor sich hin starrte. Herr Bao verachtete Jin einerseits für sein Ränkespiel, wollte ihm andererseits aber die Gelegenheit geben, sich ohne Gesichtsverlust aus der Affäre zu ziehen. Zudem beabsichtigte er, den jungen Leuten eine Lösung der schwierigen Lage zu ermöglichen. So sprach er zum Kanzler: „Ihr habt Eure echte Tochter wiederbekommen. Aber da Ihr Mudan nicht mit Zhang Zhen verheiraten wollt, rate ich Euch, dem jungen Mann nicht noch weitere Schwierigkeiten in den Weg zu legen. Lasst ihn doch mit der Frau, die ihn wirklich liebt, zusammenkommen."
Der Kanzler war mit dem Urteil des Präfekten ganz und gar nicht einverstanden. Er erhob seine Stimme, um sich zu beklagen, doch der Präfekt schnitt ihm das Wort ab und entgegnete mit kaum verstecktem Ärger: „Mein Herr, es ist klar und offensichtlich, dass hier von niemandem ein Verbrechen begangen wurde. Und ich muss feststellen: Alle an diesem doppeldeutigen Theater beteiligten Personen scheinen mir moralisch bedeutend aufrichtiger zu sein als die Ankläger!"
Das saß und brachte den Kanzler, dem die Schamesröte ins Gesicht stieg, zum Schweigen. Dann wandte sich Herr Bao mit gedämpfter Stimme der Schildkröte zu: „Gib gut Acht, dass du dich nicht nochmals von mir bei einer derartigen Amtsanmaßung erwischen lässt!" Mit einer kleinen, aber gebieterischen Handbewegung entließ er Zhang Zhen sowie die Fischfrau mit ihrer Truppe und zog sich mit seinen Kommissaren zurück.
Als Zhen mit der Fischfrau und ihren Freundinnen zum Teich zurückkehrte, verwandelten sich letztere und tauchten gleich unter, sodass der junge Mann und seine Mudan allein am Ufer zurückblieben. Zhen schwieg lange, schaute sie von oben bis unten an und fragte endlich: „Wer bist du eigentlich, da du

nicht Mudan sein kannst?“ Da sie seine Verwirrung sah, bemühte sich die Fischfrau, ihm ihre Geschichte ausführlich und glaubhaft zu schildern. Sie berichtete, wie sie sich seit hunderten Jahren auf dem Weg der Erleuchtung kultiviert und so die Fähigkeit erlangt hatte, andere Gestalten anzunehmen. Wie sie die echte Mudan seit deren Kindheit beobachtet und schon länger festgestellt hatte, wie eitel und verwöhnt diese war und nicht im Traum daran dachte, einen herbeigelaufenen Studenten zu heiraten, nur weil ihr Vater dies vor Jahren einem Freund versprochen hatte, ja, dass sie sogar ihren Vater wiederholt bedrängt hatte, die unwillkommene Verbindung zu lösen. Daher habe sie, die Fischfrau, von Anfang an Mitleid mit ihm und seinem Schicksal empfunden. Als er sie mit seiner Klage am Teich ausdrücklich zu einem Besuch eingeladen hatte, sei sie der Einladung in Gestalt Mudans gefolgt. Aufgrund seines aufrichtigen und liebevollen Wesens und seines Fleißes habe sie sich immer mehr in ihn verliebt. Da aber die Fischgestalt ihre ursprüngliche Lebensform sei, könne sie noch nicht wie ein Mensch leben, sondern müsse jeden Tag für ein paar Stunden im Wasser sein, um nicht zu ersticken.
„Verschmähst du mich jetzt“, fragte die Fischfrau schließlich mit einem scheuen Blick auf Zhen, der etwas ratlos vor ihr stand. „Verabscheust du mich wegen meiner Doppelnatur? Nimmst du mir übel, dass ich dich getäuscht und dir erst jetzt die Wahrheit verraten habe?”, sagte sie bang, denn sie wollte ihn auf keinen Fall verlieren. Während Zhen ihrer Erzählung staunend gefolgt war, hatte er jedoch bemerkt, wie sehr auch er sich in sie verliebt hatte. Daher schloss er sie zur Antwort in seine Arme und küsste sie. Anschließend machten sie sich gemeinsam auf den Weg in eine ungewisse Zukunft.
Als sie sich schon weit von der Stadt entfernt hatten, hörten sie hinter sich plötzlich Pferdegetrappel, das schnell näher

kam. Sie drehten sich um und bemerkten, dass sie von einem Reitertrupp verfolgt wurden. Die Fischfrau sah ihnen konzentriert entgegen, um die Bedrohung einschätzen zu können. Dann rief sie erschrocken aus: „Die Unsterblichen mögen uns schützen! Das sind himmlische Soldaten, die Jin mit Hilfe des Großen Meisters gerufen hat. Sie sollen uns töten, weil Jin befürchtet, dass wir die Kunde von seinen unlauteren Machenschaften verbreiten!“ Als die Reiter sie erreichten, stellte sich die Fischfrau ihnen tapfer entgegen. Trotz ihrer magischen Kräfte konnte sie die Truppe der Unsterblichen nicht lange abwehren und sie wurden überwältigt. Die Soldaten fesselten das Paar und wollten es gerade wegführen, um es in den Kerker des Kanzlers zu werfen, als sich über ihnen der Himmel auftat und Bodhisattva Guanyin, die Göttin der Barmherzigkeit, auf einer glänzenden Wolke herabstieg. Sie gebot den erschrockenen Soldaten, die Fesseln des Paares unverzüglich zu lösen und sich sofort zurückzuziehen. Dann vergewisserte sie sich mit einem tiefen Blick, ob Zhang Zhens Liebe zur Fischfrau auch aufrichtig und beständig sei, was ihr aufgrund ihrer göttlichen Intuition ohne weiteres möglich war. Schließlich sprach sie milde zur Fischfrau: „Du hast dich schon lange erfolgreich kultiviert und auf dem Weg zur Unsterblichkeit vieles erreicht. Wenn du mich begleiten willst, um dich weiterhin zu kultivieren, wirst du bald die Vollkommenheit erreicht haben.”
Die Fischfrau dankte Guanyin mit höflichen Worten für dieses großzügige Angebot, sich mit ihrer Unterstützung bis zur Vollkommenheit zu kultivieren, fügte aber dann hinzu: „Noch wichtiger und wertvoller als die Unsterblichkeit ist mir, die wahre irdische Liebe mit diesem Mann zu genießen. Daher bitte ich um dein gnädiges Einverständnis, wenn ich es vorziehe, vorerst Zhang Zhen bei seinem Erdenleben zu begleiten.”

Voller Mitgefühl lächelte die Göttin, denn sie hatte großen Respekt vor der aufrichtigen Liebe zwischen den Menschen. „Du sollst, wie du es dir wünschst, bis zu deinem natürlichen Tode ein normales Menschenleben führen können, jedoch unter einer Bedingung: Du musst dir deine Fischschuppen vom himmlischen Blitzfeuer verbrennen lassen, was eine schmerzhafte Prozedur ist, die nicht mehr rückgängig gemacht werden kann." Ohne zu zögern erwiderte die Fischfrau: „Dankbar nehme ich dein gnädiges Angebot an. Liebend gerne tausche ich mein unsterbliches Leben als Fisch gegen einige glückliche Jahre an der Seite meines Geliebten. Die Schmerzen werde ich geduldig ertragen, wenn ich dafür meinen Mann nicht mehr jeden Tag verlassen muss, um aufgrund meiner Doppelnatur ein paar Stunden im Wasser zu verbringen."
Guanyin war von ihren Worten tief gerührt, obwohl ein Bodhisattva nur höchst selten von Gefühlen überwältigt wird. Tränen stiegen ihr ins göttliche Auge, als sie mit einer erhabenen Handbewegung das himmlische Blitzfeuer auslöste. Sogleich fand sich die Fischfrau in einem Feuermeer wieder, das wild um ihren Leib loderte und höllisch brannte. Qualvoll züngelten die Flammen an ihr empor und brannten ihr die Fischhaut Stück für Stück vom Körper. Wie feurige Nadeln drangen sie ihr unter die Haut. Von Schmerzen gepeinigt wälzte sie sich am Boden, der Schweiß trat ihr aus allen Poren. Zhen, der dazu verurteilt war, das grausame Schauspiel zu verfolgen, litt entsetzlich mit seiner Geliebten, bis der schreckliche Läuterungsprozess beendet war. Völlig geschwächt lag die Fischfrau wie bewusstlos am Boden. Doch als Zhen zu ihr trat und sie in die Arme nahm, öffnete sie die Augen und blickte liebevoll zu ihm auf. Langsam erholte sie sich. Sie schien ihm nach dieser gewaltsamen Reinigung noch graziöser, ihre Haut fühlte sich weich und samten an,

ihr gesamter Körper glänzte und war viel schöner geformt als derjenige der echten Mudan.
Die gnädige Gottheit Guanyin blickte voller Freude auf das glückliche Paar und stieg auf einer bunten Wolke langsam wieder in den Himmel empor, woher sie gekommen war, während das Liebespaar auf die Knie sank, um sich bei ihr von ganzem Herzen für das Geschenk der Liebe zu bedanken.

Zu den Hintergründen

Die Geschichte zeigt einiges von den gesellschaftlichen Umgangsformen und moralischen Ansprüchen, die im alten China galten und die besonders von der Lehre des Konfuzius beeinflusst waren. Manche dieser moralischen Ansprüche wirken noch bis in die heutige Gesellschaft nach. So wird z.B. erwartet, dass sich höher gestellte Personen in besonderem Maße für das Wohl aller und für geordnete Beziehungen in der Gesellschaft einsetzen.
Wie hier erzählt wird, wurden früher nicht selten schon Kinder miteinander verlobt. Eine solche Absprache war verbindlich und musste eingehalten werden. Die frühe Verlobung begründete ein besonderes Verhältnis der beiden Familien. Von einer Person, die im konfuzianisch geprägten Staat eine wichtige Position einnahm, erwartete man die strikte Einhaltung der herrschenden Normen. Natürlich fand man auch immer wieder Wege, um sich aus der Verantwortung zu ziehen, notfalls auch mit Gewalt. Das Prestigeproblem des Kanzlers, der drohende Gesichtsverlust und die Beschädigung seines Ansehens einerseits, und sein moralischer Konflikt andererseits sind in dieser Geschichte eindrücklich dargestellt und auf humor- und kunstvolle Weise in der Schilderung des Tribunals literarisch verarbeitet. Die raffinierte Konstruktion der Geschichte verweist auf die hoch entwickelte Erzählkunst im alten China.

Aber auch andere Elemente dieser Erzählung sind typisch und interessant. So wird auch die große Bedeutung der kaiserlichen Prüfungen für den gesellschaftlichen Aufstieg sichtbar. Damit besaß China schon etwa seit unserer Zeitrechnung eine Institution, die es erlaubte, talentierte junge Menschen für die herrschenden Schichten zu rekrutieren, ganz anders als im europäischen Feudalismus, in dem die Nachkommen der unteren Stände von Aufstiegsmöglichkeiten weitgehend ausgeschlossen blieben, da das Prinzip der adligen Geburt überragende Bedeutung hatte. Einzig der Weg einer klerikalen Laufbahn stand besonders talentierten Jungen offen und konnte eventuell zu höheren Ämtern führen. Das Prinzip der landesweiten Prüfungen existiert übrigens bis heute in China und steuert die Zulassung zum Studium an den Hochschulen. Freilich wird heute anderes geprüft als die Kenntnis der Klassiker, die Interpretations- und Dichtkunst sowie die Fähigkeiten in der Kalligraphie.

In dieser Erzählung wird auch anschaulich gemacht, wie die Welt der Menschen und die der Götter und Geister in China als eng verwoben und einander durchdringend angesehen wurden. Wobei sich alle Wesen, entsprechend den buddhistischen und taoistischen Vorstellungen, auf dem Weg zur geistigen Vervollkommnung befinden, die sie von der Last der Wiedergeburt befreien soll. In diesem Rahmen können sich auch Tier- und Menschenwesen begegnen und sogar Liebesbeziehungen eingehen, da die in ihrer Kultivierung fortgeschrittenen Geister in der Lage sind, Menschengestalt anzunehmen. Die Erzählung zeigt zudem, dass Hingabe und aufopferndes Leiden innerhalb einer Liebesbeziehung vor allem von Frauen zu erbringen sind (siehe auch die Geschichte der weißen Schlange). Solch eine Haltung galt für Frauen als vorbildhaft und wurde im alten China verehrt. Freilich gibt es, wie hier in der Person der echten Mudan angedeutet, auch andere Frauengestalten, die als eigensinnig, egoistisch und oft auch als intrigant geschildert werden. Diese werden aber in den Geschichten meist durch das Schicksal bestraft.

DIE ROTEN BÄNDER DES ALTEN MANNES IM MONDSCHEIN

Wie ein Mann und eine Frau trotz aller Irrungen und Wirrungen zusammenfinden

In der Tang-Zeit gab es in Duling in der Nähe von Chang'an (dem heutigen Xi'an) einen jungen Mann namens Wei Gu. Seine Eltern waren gestorben, als er noch ein Junge war. Da sein Vater ein hoher Beamter am Hof gewesen war und gut verdient hatte, konnte Wei Gu mit dem Vermögen, das ihm seine Eltern hinterlassen hatten, wie ein feiner Herr leben.
Doch bei der Suche nach einer Ehefrau war er auf sich selbst angewiesen. Er hatte schon mehrmals versucht, eine passende Lebensgefährtin aus gutem Hause zu finden, aber bisher war ihm das nicht gelungen. Eines Tages machte er eine Reise in den Süden Chinas und stieg unterwegs in einem Gasthaus südlich von Hangzhou ab. Dort lernte er einen anderen Gast kennen und als er ihm erzählte, dass er trotz einiger Versuche noch immer unverheiratet sei, bot dieser sich an, ihm gegen eine größere Summe Geldes eine angesehene junge Frau aus einer Beamtenfamilie zu vermitteln. Das Angebot ließ Wei Gus Herz höher schlagen und er übergab ihm das geforderte Silber, damit dieser Werbegeschenke kaufen konnte.

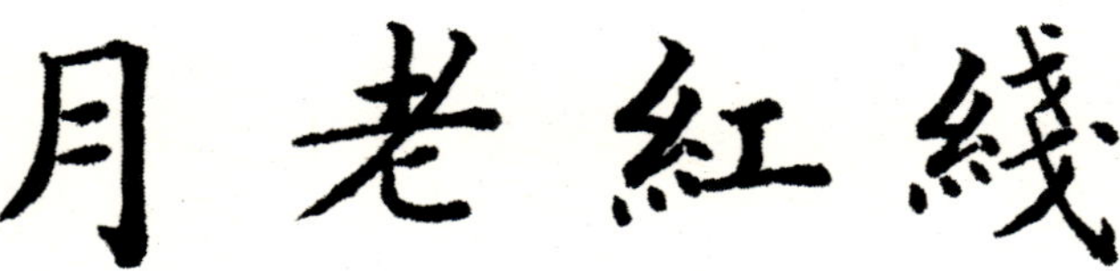

Ein erstes Treffen, bei dem Wei Gu seine zukünftige Frau wenigstens aus der Ferne zu sehen bekommen sollte, wurde für den nächsten Tag zu früher Stunde am Eingang des buddhistischen Tempels „Drachenpforte" vereinbart. Wei Gu war so freudig erregt, dass er in der Nacht davor kaum schlafen konnte. Am Morgen stand er schon sehr früh auf und machte sich gleich auf den Weg. Als er die Tempelanlage erreichte, stand der Mond noch hell leuchtend am Himmel. Ein alter Mann saß auf der Treppe, lehnte sich an einen großen Sack und las im Mondschein in einem goldverzierten Buch. Wei Gu warf einen verstohlenen Blick darauf, stellte allerdings zu seinem Erstaunen fest, dass er kein einziges der Schriftzeichen darin kannte. Nach einigem Zögern sprach er den alten Mann an: „Mein Herr, ich habe zufällig einen Blick in Euer Buch geworfen und war erstaunt, dass ich keines der darin enthaltenen Schriftzeichen erkennen konnte. Ich bin von klein auf das Lesen und Schreiben gewohnt, und es gibt kaum ein Schriftzeichen, das ich nicht entziffern könnte, ich kenne sogar Sanskrit. Aber die Schrift in Eurem Buch ist mir völlig fremd. Das verwundert mich sehr." Der alte Mann lächelte: „Das ist ein Buch für das Jenseits, daher hast du diese Schrift noch nie gesehen." Wei Gu entfuhr es neugierig: „Dann kommt Ihr also aus der Welt der Unsterblichen? Was führt Euch zu uns auf die Erde?" Der alte Mann antwortete: „Es ist selbstverständlich, dass wir Beamten im Jenseits regelmäßig die irdische Welt besuchen, weil jeder von uns damit beauftragt ist, eine Angelegenheit im Diesseits zu verwalten. Da du heute sehr früh aufgestanden bist, um hierher zu kommen, konnten wir uns begegnen. Wie du bald sehen wirst, wird beispielsweise diese Straße hier vor uns schon bald voller Passanten sein. Diese sind jedoch nur zur Hälfte Menschen, die anderen kommen aus der Geisterwelt. Euch Sterblichen ist es nur nicht möglich, das zu unterscheiden."

„Für welche Angelegenheiten seid Ihr zuständig?" fragte Wei Gu den alten Mann weiter. „Ich regle die Eheschließung aller Menschen", gab dieser zur Antwort. Das zu hören, freute Wei Gu sehr: „In meinen jungen Jahren habe ich beide Eltern verloren. Aus Einsamkeit sehne ich mich nun schon lange nach einer Partnerin, die ich heiraten und mit der ich Kinder bekommen kann. In den letzten zehn Jahren habe ich zahlreiche Versuche unternommen, doch mein Wunsch ist bis jetzt noch nicht in Erfüllung gegangen. Gestern hat man mir die Tochter eines Beamten in Aussicht gestellt. Wie würdet Ihr diese Vermählung beurteilen?" Der alte Mann schaute in sein Buch und antwortete dann: „Mit dieser Dame wirst du keine Ehe eingehen können. Für dich ist eine andere Partnerin vorgesehen, die jetzt erst drei Jahre alt ist. Mit siebzehn wird sie sich mit dir vermählen." Er zeigte auf den großen Leinensack hinter sich und fuhr fort: „Dieser Sack ist mit unzähligen, aber für Sterbliche unsichtbaren, roten Bändchen gefüllt, mit denen ich die Füße der künftigen Ehepartner aneinander binde. Diese Verbindung ist schon in ihrem letzten Leben bestimmt worden, sie erfolgte bereits vor der Wiedergeburt. Sogar wenn die Eltern des zukünftigen Ehepaars Erbfeinde sind, finanziell nicht ebenbürtig oder zehntausend Li weit entfernt voneinander leben, ist diese Bindung unlösbar, sobald ich die roten Bänder verknüpft habe. Und deine Füße sind schon lange mit denen jenes dreijährigen Mädchens verbunden, da nützt es nichts, sich um eine andere Partnerin zu bemühen." Wei Gu war verblüfft und erschrocken, aber er wollte nun erfahren, aus welcher Familie sein zukünftiges Weib stamme und wo es sich jetzt befände. Der alte Mann schwieg einen Moment, verriet ihm jedoch dann, dass er dieses kleine Mädchen an der

Hand einer Gemüseverkäuferin auf einem Markt hier ganz in der Nähe sehen könne. Wei Gu war enttäuscht, aber auch neugierig und bat den Alten, ihm das Mädchen zu zeigen. Inzwischen hatte sich der Himmel allmählich aufgehellt und ein leuchtendes Türkis, Orange und Rot verdrängten das Dunkel der Nacht. Aber weder der Vermittler noch die versprochene junge Frau ließen sich an der Tempelanlage blicken. Wei Gu war verärgert, denn er ahnte, dass er um sein Silber betrogen worden war. Der alte Mann rollte indessen seelenruhig sein Buch zusammen, nahm den riesigen Sack auf seine Schulter und hieß Wei Gu, ihm zu folgen. Als die beiden schließlich zu einem Gemüsemarkt gelangten, sah Wei Gu eine hässliche, einäugige Frau, die schmutzige, fadenscheinige Kleider trug und ein kleines, etwa dreijähriges Kind an ihrer Hand hielt. Da erschrak er und es wurde ihm übel. Der alte Mann aber sprach ganz ruhig: „Siehst du dieses kleine Mädchen? Es ist deine zukünftige Frau. Ihm ist eine wohlhabende, sichere und würdige Zukunft vorherbestimmt. Als Paar werdet ihr beide gemeinsam noch viele glückliche Jahre verbringen." Mit einem Schlag war der Alte spurlos verschwunden. Wei Gu wandte sich ab, innerlich kochte er vor Wut. Zornig sagte er zu sich selbst: „Niemals werde ich dieses arme, verwahrloste Mädchen heiraten! Am besten, ich lasse es umbringen!" Er kaufte sich ein scharfes Messer, ging zurück zum Gasthaus, gab es einem seiner Diener und versprach ihm eine große Summe Geldes, wenn er jenes Mädchen tötete. Der Diener willigte ein und schlich am nächsten Morgen zum Gemüsemarkt, wo viel Betrieb herrschte. Er ging auf das Mädchen zu, zückte das Messer, das er in seinem langen Ärmel versteckte gehalten hatte, und wollte es dem Mädchen hinterrücks ins Herz stechen. Eine Verkäuferin nebenan aber sah dies und rief laut: „Hilfe, ein Kindermörder! Ein Kindermörder! Haltet ihn!" Der Ruf erschreckte alle, das Mädchen drehte sich um und duckte sich, sodass der Diener sein Ziel verfehlte. In dem allgemeinen Getümmel gelang es ihm, zu entkommen. Als er atemlos wieder zu Wei Gu zurückkehrte, erzählte er alles und auch, dass die Messerspitze lediglich die Stirn des Mädchens gestreift habe. Wei Gu bereute sein Vorhaben inzwischen sehr und war erleichtert, dass die Untat misslungen war. „Dem Schicksal sei Dank! Beinahe hätte ich ein unschuldiges Kind auf dem Gewissen!" Nach und nach vergaß er die Geschichte und setzte seine Suche nach einer geeigneten Frau fort.

Zwar hielt Wei Gu in den folgenden Jahren weiterhin um die Hand verschiedener Frauen an, Erfolg war ihm jedoch nie beschieden. Vierzehn Jahre waren vergangen, als er vom Kaiserhof aufgrund der Verdienste seines verstorbenen Vaters den Posten als Berater bei Wang Tai, dem Präfekten der Stadt Xiangzhou (dem heutigen Anyang) in der Provinz Henan, erhielt. Dort erfüllte er die Aufgabe, Verdächtige zu vernehmen und Beweismaterial gegen Angeklagte zusammenzutragen, mit großem Können und Fleiß. Er gefiel dem Präfekten sehr, daher beschloss dieser, seine Tochter Yuling mit ihm zu verheiraten. Darüber war Wei Gu äußerst erfreut, denn er hatte gehört, dass die Tochter des Präfekten jung, hübsch und anmutig war. Sein Wunsch, eine Frau aus einer angesehenen Familie zu heiraten, ging nun endlich in Erfüllung, und so wurde eine prächtige Hochzeit gefeiert.

Wei Gu liebte seine junge Frau sehr, doch fiel ihm mit der Zeit auf, dass Yuling stets ein goldenes Schmuckplättchen auf ihrer Stirn trug, das sie selbst im Bade nicht abnahm. Das wunderte ihn und weckte seine Neugier, was wohl darunter verborgen sei. Schließlich konnte er nicht mehr an sich halten. Er bat Yuling um eine Erklärung. Zwar weigerte sich seine junge Frau zuerst, darüber zu sprechen, aber Wei Gu ließ nicht locker. Yuling stiegen die Tränen in die Augen, als sie anfing, ihre Geschichte zu erzählen. Sie gestand, dass sie nicht die Tochter des Präfekten sei, sondern dessen Nichte. Als ihr Vater, der angesehene Kreisvorsteher von Songcheng, zu früh verstarb, war sie noch in den Windeln gelegen. Bald darauf verlor sie auch ihre Mutter und ihren älteren Bruder. Ihre Amme hatte Mitleid mit dem Waisenkind und zog sie groß. Jeden Tag nahm sie sie mit zum Gemüsemarkt unweit eines buddhistischen Tempels, um sie beide mit dem Erlös aus dem Gemüseverkauf zu ernähren. Als sie drei Jahre alt war, stürzte eines Tages ein böser Mann auf sie zu und verletzte ihre Stirn mit einem Messer, sodass sie eine kleine Narbe davontrug. Vor sieben Jahren nun war ihre Amme gestorben, und als ihr Onkel davon erfuhr, ließ er sie zu sich holen und adoptierte sie.

Wei Gu war bei ihrer Erzählung ganz still geworden. Schließlich fragte er, ob ihre Amme einäugig gewesen sei. Yuling wunderte sich über diese Frage und wollte wissen, wie er darauf käme, da dies nämlich wahr sei. Da verriet ihr Wei Gu schuldbewusst den Hintergrund der Geschichte, von seiner langen vergeblichen Suche, die zu dem schrecklichen Ereignis geführt hatte, und bat sie unter Tränen um Verzeihung. Aber da Yuling ihn genauso liebte wie er sie, war sie ohne Zögern bereit, ihm zu verzeihen. Von da an vertiefte sich ihre Zuneigung zueinander von Tag zu Tag. Sie bekamen einen Sohn, den sie über alles liebten. Nun wusste Wei Gu, dass der alte Mann, den er vor bald zwanzig Jahren im Mondschein bei dem Tempel angesprochen hatte, tatsächlich ein Jenseitiger gewesen war, der ihre Füße schon vor langer Zeit mit einem seiner roten Bändchen verknüpft hatte.

Zu den Hintergründen

Diese Geschichte berichtet von dem in China weit verbreiteten Volksglauben, dass jede Ehe vorherbestimmt ist und die Ehepartner schon in ihrer früheren Existenz, also vor ihrer Reinkarnation, mit einem roten Band des alten Mannes vom Mond verbunden sind. Oftmals sind sie auch durch ein Schicksal aus dem früheren Leben belastet, was sich unter Umständen schlecht auf die Ehe auswirkt, im neuen Leben jedoch wieder überwunden werden kann. Im alten China wurde die Figur des alten Mannes im Mond als Gottheit verehrt. Es gab Tempelanlagen, die speziell ihm gewidmet waren, oder er wurde mit anderen Gottheiten gemeinsam angebetet.

Die vorliegende Erzählung beleuchtet auch die im alten China verbreitete Vorstellung, dass die Jenseitigen (Geister und Gottheiten) übernatürliche Kräfte besitzen, oft unter den diesseitigen Menschen weilen und dazu deren Gestalt annehmen können (siehe auch die Erzählung von der Fischfrau). Auch Ehen zwischen beiden Wesensgattungen kommen vor, sie sind oft besonders erotisch gefärbt. Meist sind sie jedoch kompliziert, auch deshalb, weil die Jenseitigen immer wieder in ihre Parallelwelt verschwinden können oder müssen, was den Sterblichen unmöglich ist (siehe die Geschichte vom Hirtenjungen und der Weberin). Außerdem fallen die Jenseitigen in Menschengestalt durch ihre magischen Kräfte auf, was zu Misstrauen im sozialen Umfeld führen kann. Die meisten Geister sind einfach Seelen von Verstorbenen, sie nehmen aber noch Anteil am Geschick ihrer Nachkommen. Unter Umständen können sie diesen helfen, sie selbst sind aber auch abhängig davon, dass die Nachkommen weiter für sie sorgen, zum Beispiel dadurch, dass man ihnen Nahrung zukommen lässt (siehe die Geschichte von Qu Yuan) oder Papiergeld für sie verbrennt.

Was die Topologie der Geister- und Götterwelt angeht, so gibt es die Vorstellung, dass die Jenseitigen in großer Zahl auf den Inseln der Glückseligen leben, die jeweils im östlichen Meer verortet werden.

Geister und Dämonen leben besonders oft auf Bergen, können aber auch an anderen Orten existieren (z. B. als lokale Geister – siehe die Geschichte von Sun Wukong). Götter bzw. gottähnliche Wesen beherrschen den Himmel und sind dort zu finden oder eben auf sehr hohen Bergen, die gewissermaßen zum Himmel gehören – so das Kunlun-Gebirge, wo Xiwangmu wohnt (siehe die Geschichte von Chang E und diejenige von der weißen Schlange). Einige Götter werden den acht Himmelsrichtungen zugeordnet und mit bestimmten Sternen verbunden oder auch mit dem Mond (siehe auch die Geschichte von Chang-E). In die Angelegenheiten der Menschen mischen sie sich aber nur selten ein.

DIE DRACHENSANDBÄNKE

Wie Nie Lang auf der Suche nach frischem Gras eine wundersame Perle findet und sich am Ende unfreiwillig in ein Fabeltier verwandelt

Am Rand eines Dorfes in der westlichen Ebene von Sichuan lebte eine Witwe mit ihrem Sohn Nie Lang. Die Dorfbewohner nannten sie nach ihrem Familiennamen einfach Tante Nie. Ihr Sohn war ein gehorsamer und aufrichtiger Junge. Die beiden lebten von einem winzigen Stück Ackerland, das sie vom Gutsherrn Zhou Hong gepachtet hatten. Von der Ernte allein konnte Tante Nie sie beide jedoch nicht ernähren, deshalb zog der Junge mit einem Korb umher und mähte hier und dort etwas Gras, das er verkaufte.

Eines Frühsommers wurde die Ebene von einer großen Dürre heimgesucht. Den ganzen Frühling hindurch hatte es kaum geregnet. Nach und nach trockneten die Bäche, die Teiche und auch die Reisfelder mit den angepflanzten Setzlingen aus. Auch die Bäume und Sträucher begannen zu verdorren. Die Existenz der Menschen war bedroht. Da wurde es auch für Nie Lang immer schwieriger, noch frisches Gras zu finden. Jetzt musste er weite Wege gehen, um seinen Korb zu füllen.

Eines Tages nahm der Junge wie gewohnt seinen Korb und verließ das Haus, kaum dass die Hähne im Dorf zum ersten

Mal gekräht hatten. Er machte sich auf zum „Berg des Roten Drachen". Dort kannte er ein Tal, wo in manchem Frühjahr das Schmelzwasser aus den Bergen herunterschoss und über die Ufer trat. Es hieß „Das zum Drachen verwandelte Tal". Hier hoffte er, saftiges Gras zu finden. Aber als er das Tal erreichte, musste er zu seiner Enttäuschung feststellen, dass auch die Bäche dieses Tales versiegt waren. Wo sonst das Wasser dahin gerauscht war, war außer den Kieseln im Bachbett nichts zu sehen. Nie Lang setzte sich betrübt auf einen Stein und überlegte, wo er nun noch suchen könnte.

Plötzlich sah er etwas Helles blitzschnell an ihm vorbeilaufen. „Ein Hase!", rief er erstaunt. „Wenn hier Hasen leben, dann wächst in der Nähe bestimmt Gras", schoss es ihm durch den Kopf. Aufgeregt folgte er der Spur des Tieres. Und tatsächlich fand er unweit des Baches, hinter einem großen Felsen, eine kleine Wiese, die mit saftig grünem Gras bewachsen war. Er nahm seine Sichel und mähte, bis sein Korb gefüllt war.

An den beiden folgenden Tagen ging Nie Lang wieder zu dieser Wiese und zu seiner Verwunderung war das Gras über Nacht so schnell nachgewachsen, dass er nicht mehr erkennen konnte, wo er tags zuvor gemäht hatte. Da dachte er bei sich: „Ich könnte doch dieses wundersame Gras hinter meinem Haus anpflanzen! Dann können auch die anderen Kinder bei mir Gras mähen, und ich ersparte mir den langen Weg". Gedacht, getan! Er lockerte die Erde und grub so viel Gras, wie er tragen konnte, mitsamt den Wurzeln aus. Da sah er, dass unter den Graswurzeln eine tiefe Wasserpfütze stand. Das Wasser war durchscheinend und klar und auf seinem Grund lag eine Perle. Behutsam nahm er die Perle aus dem Wasser, steckte sie vorsichtig in seine Jacke und ging nach Hause.

Als er zu Hause ankam, war die Sonne längst untergegangen, und seine Mutter erwartete ihn mit Sorge. „Heute bist du viel später dran als sonst“, stellte sie fest, „komm herein, der Reis ist gekocht“. Nie Lang erzählte seiner Mutter von seiner Entdeckung und seinem Plan. Als er geendet hatte, holte er die Perle aus der Tasche und zeigte sie ihr. Kaum lag die Perle in seiner Hand, da war das dunkle Zimmer auf einmal hell erleuchtet. Mutter und Sohn waren einen Augenblick lang wie geblendet. Als sie sich an den Anblick gewöhnt und die Kostbarkeit eine Weile bewundert hatten, hieß die Mutter Nie Lang, die Perle im Reisgefäß zu verstecken. Danach pflanzte der gewissenhafte Junge das mitgebrachte Gras hinter dem Haus ein, bevor er schließlich aß und zu Bett ging. Am nächsten Morgen stand Nie Lang etwas später auf und ging erwartungsvoll hinters Haus. Zu seiner großen Enttäuschung musste er aber feststellen, dass das Gras ganz verwelkt war. Nun eilte er ins Haus um nachzuschauen, ob die Perle noch im Reisgefäß wäre, wo er sie abends versteckt hatte. Als er dessen Deckel abnahm, war er verblüfft: Am Abend war nur mehr der Boden mit Reis bedeckt gewesen, nun aber war das Gefäß ganz mit Reis gefüllt und die Perle lag schimmernd obenauf. Da wurde ihm klar, dass er eine Zauberperle gefunden hatte.

Von da an mangelte es Mutter und Sohn nicht mehr an Nahrung, sie konnten sogar noch etwas auf dem Markt verkaufen. Bereitwillig halfen sie auch ihren Nachbarn, die in Not waren. Doch die Nachricht vom neuen Wohlstand der kleinen Familie und ihrer Wunderperle drang bald auch an die Ohren des Gutsbesitzers Zhou, der ein habgieriger und skrupelloser Mann war. Da schickte er einen Diener zu Tante Nie und bot ihr eine Handvoll Silber für die Wunderperle, denn er dachte, er könne die armen Leute damit beeindrucken und übertölpeln. Aber die Mutter und ihr Sohn waren keineswegs dumm und lehnten es ab, die Perle zu verkaufen. Das ärgerte Zhou Hong, und er erschien am nächsten Tag mit bewaffneten

Knechten vor dem Haus der Familie Nie und rief: „Neulich habe ich eine kostbare Perle verloren, die ihr offensichtlich gefunden und euch widerrechtlich angeeignet habt. Daher seid ihr wegen Diebstahls angezeigt. Wenn ihr die Perle nicht hergebt, habt ihr mit schweren Strafen zu rechnen!" – „Das ist eine Lüge!", erwiderte Tante Nie. „Warum hast du gestern noch versucht, die Perle von uns zu kaufen, wenn sie doch angeblich dein Besitz war?" Der Gutsbesitzer geriet in Wut, da ihm diese einfache Frau so mutig entgegentrat und er entlarvt war. „Stellt das ganze Haus auf den Kopf, bis ihr die Perle gefunden habt!", rief er seinen Knechten zu. Als sich die Mutter ihnen in den Weg stellte, warfen sie die Frau zu Boden und peitschten sie aus. Nie Lang, der sich über sie warf, fesselten sie. Sie durchsuchten das ganze Haus, doch es war vergebens. Die Perle war nirgends zu finden. Auf einmal fiel der Blick des bösen Gutsbesitzers auf Nie Langs dicke Backe. „Die Perle befindet sich in seinem Maul", schrie der Unhold, „brecht es ihm auf." Nie Lang sah nun keinen Ausweg mehr und schluckte die Perle hastig herunter, damit sie nicht dem gierigen Feind in die Hände fiel. Zhou, dessen Traum vom großen Reichtum sich erstmal in Nichts aufgelöst hatte, fuhr ihn wütend an: „Du Satansjunge, du hast das Spiel zu weit getrieben!" Er ließ seine Knechte so lange auf das Kind einprügeln, bis es in Ohnmacht fiel. Die Nachbarn aber hatten den Wortwechsel und den Lärm im Hause Nie mitbekommen und andere alarmiert. Auf dem Vorplatz hatte sich inzwischen eine wütende Menschenmenge versammelt, sodass sich der Gutsbesitzer und seine Knechte eilig zurückziehen mussten.

Um Mitternacht kam Nie Lang endlich wieder zu sich und rief: „Mutter, ich habe solchen Durst!" Seine Mutter freute sich sehr, als sie sah, dass ihr Sohn erwachte. Sie brachte ihm eine große Schale Wasser, die er in einem Zug leer trank.

Jedoch war sein Durst dadurch noch nicht gelöscht, und er verlangte nach einer weiteren Schale und noch einer, dabei schien er weiterhin fast am Verdursten zu sein. Schließlich ging er selbst zum Wassertank und trank ihn gänzlich leer. Die Mutter war zutiefst erschrocken: „Mein lieber Sohn, was ist mit dir? Du hast solche Mengen Wasser getrunken, selbst ein Dutzend Männer hätte damit den Durst löschen können." – „Liebe Mutter, mir brennt es im Leib, ich muss meine innere Glut mit Wasser löschen!" - „Mein Sohn, im Hause gibt es keinen Tropfen Wasser mehr." – „Dann muss ich zum Fluss!", schrie der Junge.

So lief Nie Lang aus dem Haus in Richtung des Flusses, seine Mutter folgte ihm. Und obgleich es eine sternenklare Nacht war, zerriss plötzlich ein Blitz das Dunkel und erhellte die gesamte Umgebung. Kaum hatte er das Ufer des Flusses erreicht, tauchte Nie Lang seinen Kopf ins Wasser und sog es in großen Schlucken in sich hinein. Rundherum donnerte und blitzte es nun ununterbrochen. Mit unbeschreiblichem Entsetzen sah die Mutter, dass aus dem Kopf ihres Sohnes ein Drachenhorn wuchs, sich an seinem Hals rotglänzende Schuppen breitmachten und seine Hände sich in Drachenklauen verwandelten. Als sie merkte, dass sich ihr Sohn zur Gänze in den Fluss stürzen wollte, schaffte sie es gerade noch, einen Fuß zu fassen und ihn festzuhalten. Da hörten Mutter und Sohn hinter sich zunehmenden Lärm und sahen Leute mit Fackeln, die sich ihnen entlang des Flussufers näherten. Der Gutsherr Zhou kam mit seinen Knechten, immer noch in der Absicht, die Perle zu rauben. Er plante Nie Lang im Schutz der Dunkelheit zu töten, ihm den Bauch aufzuschlitzen und die Perle aus dem Magen zu klauben.

Nie Lang erriet die böse Absicht des Herannahenden und rief seiner Mutter zu: „Lass mich bitte schnell los, ehe ich in die

Hände dieses Teufels falle!" Da gab ihn seine Mutter frei, und der Sohn schwamm mit raschen Bewegungen in die Flussmitte, wobei er sich vollständig in einen Drachen verwandelte. Er wirbelte nun wild im Kreise herum und schlug hohe Wellen. Über ihm zuckten gewaltige Blitze, der Donner rollte bis zu den entfernten Bergen. Ein stürmischer Wind erhob sich, und der monatelang ausgebliebene Regen prasselte herab auf die Erde. Zhou Hong, der in einiger Entfernung stehengeblieben war, rief: „Satansweib, wo ist dein Sohn?" – „Dort schwimmt er, seht ihr ihn nicht?", antwortete die weinende Mutter. Da erleuchtete ein gewaltiger roter Blitz die ganze Gegend. Der Drache Nie Lang hob seinen riesigen Kopf aus dem Wasser, die Wogen türmten sich noch höher auf als zuvor, und eine Riesenwelle spülte den bösen Gutsbesitzer und seine Knechte in den Fluss, wo sie jämmerlich ersoffen.

Auf einmal wurde es windstill. Sowohl Blitz und Donner als auch der Regen hörten auf. In der fahlen Morgendämmerung wandte der Drache den Kopf seiner Mutter zu und sagte: „Mutter, ich muss weit weg von hier, ins offene Meer." – „Lieber Sohn, wann kommst du wieder zurück?" – „Ich kann nicht mehr zurückkehren. Der Fluss wird zu klein für mich."

Mit Tränen in den Augen sah die Mutter, wie sich der große Drache flussabwärts entfernte. „Mein lieber Sohn!", rief sie wieder und wieder; sie hörte nicht auf, nach Nie Lang zu rufen. Jedes Mal, wenn der Drache das Rufen seiner Mutter hörte, drehte er sich noch einmal um zu ihr. Und jedes Mal, wenn er sich umwandte, peitschte sein gewaltiger Körper eine Sandbank hinter ihm auf. So bildeten sich insgesamt vierundzwanzig Sandbänke, die die Nachwelt „Sandbänke der Ausschau nach der Mutter" oder einfach "Drachensandbänke" nennt. Die Mutter aber erstarrte vor Schmerz am Rande des Flusses zu einer Statue.

Zu den Hintergründen

Der Drache spielt in der chinesischen Mythologie und Märchenwelt eine herausragende Rolle. Er war auch das Symboltier des chinesischen Kaisertums. In der ganzen Welt wird er mit China in Verbindung gebracht. Während der Drache in der westlichen Märchenwelt eher mit Feuer assoziiert wird und aus der Luft kommt, ist er in China eindeutig mit dem Wasser verbunden. Und zwar mit dem Wasser in seinen verschiedenen Aggregatzuständen: dem Meereswasser, dem Flusswasser, dem aufsteigenden Dunst und dem großen Regen, der vom Himmel fällt. Und dass der Drachenkönig jeweils in einem Kristallpalast am Meeresgrund wohnt, kann als Verweis auf das Wasser in Form von Eis gesehen werden. In der bildlichen Darstellung des Drachen in China, in seiner mäandernden Gestalt, ist ganz offensichtlich, dass hier der Fluss symbolisiert ist. Und der Fluss ist in China ganz eng mit dem Schicksal der Menschen verbunden. Flüsse sind die lebensspendenden Adern des Landes, aber sie bergen auch die Gefahr der Überschwemmung, die alles mit sich fortreißt. Entsprechend erscheint der Drache in der Mythologie und Märchenwelt Chinas ambivalent: Im Grunde gutmütig und hilfreich (siehe die Geschichte vom „Jäger Hailibu"), aber auch mächtig und verschlingend, wenn er böse wird (siehe die Geschichte von „Ne Zha"). Der Drache im europäischen Märchen ist dagegen überwiegend böse und wild, man versucht ihn durch das Opfer von Jungfrauen zu besänftigen, aber letztlich muss er von einem Helden wie Siegfried oder Ritter Georg besiegt werden, der ihm den Kopf abschlägt – eine westliche Gewaltlösung (siehe auch den Nachtext zu „Nü Wa schuf die Menschheit").

In der vorliegenden Geschichte ist die Symbolik des Drachen, wie sie gerade dargestellt wurde, an vielen Stellen deutlich enthalten. Am Ende wird der Junge selbst in einen Drachen verwandelt, und mit seiner gewaltigen Kraft peitscht er die Sandbänke auf. Ein historischer Ort ist zu dieser Geschichte aber nicht bekannt. In manchen Texten wird sie in Zusammenhang mit der uralten Wasserregulierungsanlage „Dujiangyan", in der Nähe der Stadt Chengdu, gebracht, die seit etwa 2300 Jahren existiert und zum UNESCO-Weltkulturerbe zählt. Diese großartige Anlage vermochte einerseits vor Überschwemmungen zu schützen, und sicherte andererseits die Bewässerung der Felder in Trockenzeiten. Das ist nicht der einzige frühe Versuch, die Wildheit des Drachen zu „zähmen" und seine lebensspendende Kraft nach anderen Orten zu lenken.

LI QING UND DER HABGIERIGE GUTSBESITZER

Wie der Waisenknabe Li Qing beinahe um sein Land gebracht wird, den Dieb seiner Hirse verfolgt und zum Mondfest durch eine glückliche Fügung eine wunderbare Kalebasse erhält

In der Epoche der „Frühlings- und Herbstperiode" lebte in einem Bergdorf ein Junge namens Li Qing, der seit frühester Jugend von Schicksalsschlägen verfolgt war. Im Alter von sieben Jahren starb sein Vater, fünf Jahre später seine Mutter. Sie hinterließen ihm gerade einmal zwei Mu Ackerland. Bis auf dieses kleine Stück Land besaß der Kleine nichts als die vier Wände seiner bescheidenen Hütte. Als nach dem Tod seiner Mutter der Frühling ins Land zog und sich die ersten Knospen an Blumen und Bäumen zeigten, begannen die Dorfbewohner mit der Feldarbeit. Nur Li Qing saß am Rande seines kleinen Ackers und weinte bitterlich vor Ratlosigkeit. Da trat Onkel Li, sein Nachbar, zu ihm und sprach ihm aufmunternd zu: „Mein liebes Kind, weinen hilft nichts. Jetzt ist die beste Zeit, um den Acker zu bestellen, die solltest du nicht ungenutzt verstreichen lassen." Li Qing antwortete schluchzend: „Ich habe ja nicht einmal Saatgut, wie kann ich mein Feld bestellen?" Onkel Li entgegnete: „Den meisten Dorfbewohnern geht es nicht besser als dir. Wir alle haben uns Saatgut vom

Gutsbesitzer Liu geliehen. Nach der Ernte zahlen wir es ihm mit Zinsen zurück. Mach dich an die Arbeit und bereite den Boden vor, wir helfen dir gerne dabei. Wenn das erledigt ist, leihen wir auch für dich Saatgut."

Li Qing trocknete seine Tränen, raffte sich auf und tat, wie ihm der Nachbar geraten hatte. Als der Ackerboden bereitet war, begleitete ihn Onkel Li zum Gutsbesitzer Liu. Dieser ließ sich zwar gerne als „gutherzig" bezeichnen, doch das täuschte, denn hinter seiner freundlichen Fassade verbarg sich ein bösartiger und geiziger Charakter. In der Tat war Liu zu allem fähig und scheute sich nicht, einem armen zahlungsunfähigen Schuldner die Knochen zu brechen, um an seine Zinsen zu kommen. Als er vernahm, dass der Knabe Saatgut von ihm leihen wollte, lachte er sich ins Fäustchen, denn schon lange gierte er nach dessen Ackerland. Nun bot sich eine gute Gelegenheit, die er sich natürlich nicht entgehen lassen wollte. Als Onkel Li den Wunsch vorgetragen hatte, flüsterte Liu seinem Diener etwas ins Ohr. Mit gespielter Freundlichkeit sagte er, dass er Li Qing gerne das Saatgut leihen könne, natürlich gegen den üblichen Zinssatz. Dann ließ er ihm von besagtem Diener ein Scheffel voll Sorghumhirse aushändigen. Das trug der Knabe hoffnungsfroh nach Hause.

Mit Hilfe seiner Nachbarn beendete Li Qing bald voller Stolz seine erste eigene Aussaat. Frühlingstage und -wochen vergingen. Die Hirse auf den Feldern der anderen Dorfbewohner ringsum keimte, wuchs nach und nach in die Höhe und zeigte eine frische, grüne Farbe. Aber auf Li Qings Feld war nicht eine einzige keimende Blattspitze zu sehen, es regte sich rein gar nichts. Das verwunderte die Nachbarn. Eines Tages griffen sie hilfsbereit zu und pflügten das kleine Feld noch einmal, um dem ausbleibenden Wachstum auf den Grund zu gehen. Betrübt mussten sie feststellen, dass die Samen im Ackerboden bereits am Verfaulen waren. Bei diesem erbärmlichen Anblick brach Li Qing in Tränen aus und klagte: „Warum schlägt das Schicksal so hart bei mir zu, einem unglücklichen Waisenknaben? So werde ich wohl bald verhungern müssen!" Er legte sich nieder und weinte die halbe Nacht vor sich hin. Am nächsten Morgen ging er dennoch zu seinem Feld, und was sah er da? Ein einzelner Hirsekeim lugte aus dem Boden seines Ackers hervor. Sogleich erzählte er Onkel Li von diesem wunderlichen Vorfall. Dieser schüttelte nachdenklich den Kopf: „Mein armes Kind. Der üble Gutsbesitzer Liu hat dich sicherlich hinters Licht geführt. Er hat dir gegarte Samen gegeben, die den rohen Samen ganz ähnlich sehen, aber natürlich können diese nicht keimen! Dass trotzdem ein echter Keim dabei war, liegt wohl daran, dass der Diener aus Versehen einen unversehrten Samen daruntergemischt hat." Li Qing erwiderte zuversichtlich: „Lieber Onkel, diese Pflanze ist nun meine einzige Hoffnung! Ich werde sie hegen und pflegen."

Von da an kümmerte sich das Kind rührend um den zarten Sprössling. Er gab ihm täglich das nötige Wasser, jätete jedes noch so kleine Unkraut und streute großzügig Dünger verschiedener Art, wie die Nachbarn es ihm geraten hatten. Seine Pflanze gedieh deshalb besonders prächtig. Als sie Mitte August reifte, trug sie eine unvergleichlich große Ähre. Kurz vor dem Tag der Ernte erhob sich jedoch ein starker Sturm, der so heftig an der Pflanze riss, dass der Stängel brach. Und als ob dies nicht genug des Unglücks gewesen wäre, flog just in diesem Moment ein riesiger Raubvogel über den Acker, erspähte die prächtige Ähre, stieß herab, packte sie mit seinem Schnabel und machte sich auf und davon.

Li Qing hatte alles mit offenem Munde verfolgt, fast schwanden ihm die Sinne. Aber er riss sich zusammen, er wusste, dass es für ihn jetzt nur eines gab: Er musste den Raubvogel verfolgen und ihm seine Beute wieder abjagen, koste es, was es wolle. Und so ließ er alles liegen und stehen und lief dem Vogel hinterher in Richtung der Berge, wo er hoffte, dessen Horst zu finden. Die mühselige Jagd ging durch Täler, über Hügel und steile Felsen. Dabei vergaß er Hunger und Durst und wusste kaum, wie viele Stunden er gelaufen war. Doch trotz seiner Entschlossenheit, dem bösen Räuber die Ähre wieder abzujagen, verlor er den Vogel irgendwann aus seinem Blickfeld. Da stand er nun in der Wildnis der Berge, und als es immer dunkler wurde, hörte er einen Tiger brüllen und Wölfe heulen, und da beschlich ihn große Angst. Schon wollte er umkehren und mit leeren Händen nach Hause laufen, als er auf einer kleinen Anhöhe zwischen schroffen Felsen neben einer kleinen Blumenwiese einen engen Höhleneingang entdeckte. Dort kletterte er hinauf und zwängte seinen dünnen Körper durch den Spalt. In der kleinen Höhle fühlte er sich vor den Wildtieren sicher. Sobald es hell würde, wollte er seine Suche nach dem Vogel fortsetzen. Das nahm er sich trotzig vor.

Da er sehr hungrig und durstig war, konnte Li Qing trotz seiner Müdigkeit nicht richtig einschlafen. Im Halbschlaf vernahm er plötzlich schöne Musik. Er richtete sich auf und blickte vorsichtig aus seinem Höhlenversteck. Im Mondschein sah er acht kleine Männchen, die aus den Blüten der Blumen geklettert kamen und auf die Wiese traten. Kaum berührten ihre Füße den Boden, begannen sie zu wachsen und wurden immer größer, bis sie schließlich Größe und Gestalt normaler Menschen hatten. Obwohl ihre Haare grau waren, hatten sie die blühende Gesichtsfarbe junger Knaben. Ihre Kleidung war aus bunten, wunderschönen Seidenstoffen gefertigt. Sie nahmen auf der Wiese in einem Kreis Platz und einer von ihnen sagte: „Heute ist das Mondfest. Ich will es mit Euch gemeinsam feiern und die Gaben meiner Kalebasse genießen." Er holte eine Kalebasse hervor und sprach zu ihr: „Bring uns Wein und Fleisch!" In der Tat, kaum hatte er den Befehl ausgesprochen, quollen aus der Kalebasse acht Schalen heraus, die mit Fleisch gefüllt waren, und ebenso viele mit Wein. Alle lobten den Gönner und fingen freudig an zu essen und zu trinken. Nach einer Weile sagte der Besitzer der Kalebasse: „Ich habe euch hier bloß meine Kalebasse für Fleisch und Wein vorgeführt, doch ist sie nichts Besonderes. Heute in einem Jahr werde ich euch meinen wahren Schatz zeigen, eine Kalebasse, die alles hervorbringt, was man sich nur wünschen kann!" Da stimmten alle zusammen ein lautes und herzhaftes Gelächter an und griffen weiter tüchtig zu. Als sich aber der Mond hinter einer Wolke versteckte, sprangen sie hurtig auf und schrumpften, bis sie wieder ihre vorherige Größe hatten. Dann kletterten sie zurück in ihre Blüten, und waren alsbald verschwunden. Die Kalebasse jedoch blieb auf der Wiese liegen.

Li Qing hatte aus seinem Versteck heraus alles genau beobachtet. Er dachte bei sich: „Diese wundersamen Männlein sind bestimmt Unsterbliche und sicher tief betrübt, wenn sie merken, dass sie die wertvolle Kalebasse verloren haben." So überwand er seine anfängliche Furcht, kroch aus seiner Höhle, ergriff die Kalebasse und schlich vorsichtig zu den Wunderblumen. Er nahm all seinen Mut zusammen und rief mit fester Stimme: „Ihr Unsterblichen! Ihr habt auf der Wiese eure wertvolle Kalebasse vergessen, hier ist sie!" Nachdem seine Worte verklungen waren, dauerte es nicht lange und eines der Männlein streckte seinen Kopf aus der Blüte hervor. „Wer bist denn du, dass du dich zu dieser späten Stunde allein in der Wildnis aufhältst, du bist ja fast noch ein Kind?" Die Frage klang so überaus freundlich, dass Li all seine Scheu verlor, und unwillkürlich sprudelte seine ganze traurige Geschichte aus ihm hervor. Als er geendet hatte, sprach der freundliche Blumenmann: „Mein liebes Kind, du hast trotz Armut und Elend Ehrlichkeit und Aufrichtigkeit bewiesen. Zur Belohnung schenke ich dir diese Kalebasse." Li Qing bedankte sich und freute sich über diese außerordentliche Gabe. Kaum wurde es ganz hell, kehrte er nach Hause zurück. Die geraubte Ähre und der Vogel waren vergessen.

Die Nachbarn hatten sich schon große Sorgen um den Knaben gemacht, nachdem sie festgestellt hatten, dass Li Qing die ganze Nacht nicht wieder aufgetaucht war. Als sie sich in der Morgendämmerung auf den Weg machen wollten, um nach ihm zu suchen, kam Li Qing ihnen strahlend entgegen. Er lud die ganze Nachbarschaft ein und erzählte ihnen in allen Einzelheiten von seinem seltsamen Erlebnis. Dann holte er seinen Schatz hervor und sagte, wie der ursprüngliche Eigentümer der Kalebasse, klar und deutlich mit erhobener Stimme zu dem Wundertopf: „Bring uns Fleisch und Wein her!" Zum großen Erstaunen der Anwesenden quollen tatsächlich wiederum zahlreiche Schalen mit Essen und Trinken aus der Kalebasse hervor. Onkel Li und die anderen Nachbarn waren überglücklich, weil sie in ihrem ganzen Leben noch nie so viel Fleisch und Wein genossen hatten, und taten sich gütlich daran, bis sie allesamt satt und auch ein wenig betrunken waren. Dieses wundersame Ereignis kam freilich auch dem bösen Gutsbesitzers Liu zu Ohren. Er ließ Li Qing zu sich bringen: „Du hast im Frühjahr von mir ein Scheffel Sorghumhirse geliehen. Nach unserer Vereinbarung musst du mir nach der Ernte die doppelte Menge zurückzahlen. Die Frist ist um. Wo ist das Getreide?" Doch der Junge antwortete ihm unerschrocken: „Du hast mich betrogen, du hast mir anstatt der Sorghumsamen gedämpfte Kolbenhirse gegeben. Alle Samen, bis auf einen einzigen, sind im Boden verdorben. Liu antwortete gereizt: „Unsinn! Warum hat die Saat, die ich den anderen geliehen habe, gut gekeimt? Du hast wohl das Saatgut falsch behandelt, und überdies kennst du dich nicht aus mit Ackerbau. Das ist der Grund für deine Missernte. Und überhaupt, was auf deinem Acker passiert ist, kümmert mich nicht! Du hast deine Zinsschuld zu zahlen!" Li Qing lenkte ein: „Obwohl du Unrecht hast, will ich nicht in deiner Schuld stehen. Aber bis auf mein kleines Stück Ackerland und diese Kalebasse besitze ich nichts. Du kannst wählen, eines von beidem kann ich dir als Bezahlung anbieten." Nach allem, was er gehört hatte, begehrte der Gutsbesitzer jetzt natürlich die wunderbare Kalebasse noch mehr als das Ackerland. Doch er bemühte sich, keinerlei Interesse zu zeigen, und erwiderte in herablassendem Tonfall: „Was nützt mir eine billige Kalebasse, die du, wer weiß, woher gestohlen hast?"

Li Qing war noch ein Kind und daher ließ er sich von den verächtlichen Worten Lius irritieren, und den Vorwurf des Diebstahls wollte er auf keinen Fall auf sich sitzen lassen. So erzählte er die ganze Geschichte, wie und von wem er die Kalebasse erhalten hatte, und welche Wunder das ungewöhnliche Ding bewirken konnte. Dabei erwähnte er auch die Ankündigung des kleinen Männchens über ihre Zusammenkunft im nächsten Jahr. Was er da hörte, war für den gierigen Gutsbesitzer ein gefundenes Fressen: Eine Kalebasse, die alle Wünsche erfüllen konnte, musste er einfach besitzen. Beim bloßen Gedanken daran kribbelte es schon in seinen Händen. Scheinbar nachsichtig und gelangweilt sagte er: „Na gut! Ich denke, dass du das Ackerland brauchst, um dich ernähren zu können. Die Kalebasse kannst du bei mir als Pfand zurücklassen. Wenn du im nächsten Herbst deine Schuld gezahlt hast, bekommst du sie wieder zurück."

Das Jahr verging wie im Fluge. Kurz vor dem Mondfest des nächsten Jahres sattelte der Gutsbesitzer Liu seinen Esel, ritt an den Ort, den Li Qing geschildert hatte und wartete dort ungeduldig in der Nähe der Wiese, halb hinter einem Baum versteckt, denn in die enge Höhle konnte er sich mit seinem feisten Bauch nicht zwängen. Als es dunkel wurde, traute er seinen Augen kaum: Tatsächlich sprangen acht Unsterbliche aus den Blüten und wuchsen zu Menschengröße heran. Einer von ihnen sagte: „Wie im letzten Jahr angekündigt, habe ich heute eine andere Kalebasse mitgebracht, die uns vor Ort alles herschaffen kann, was wir uns nur wünschen!" Dann holte er seinen Schatz hervor und ließ ihn zunächst einen runden, kostbar verzierten Tisch, acht passende Stühle mit weichen Seidenkissen und gleich darauf den besten Wein, herrlich gebratenes Fleisch und unzählige andere Leckereien herbeizaubern. Wieder wurde tüchtig gefeiert und getrunken, bis die Blumenmännlein vom Essen müde und vom Wein zusehends trunkener geworden waren. Da erhob sich der Besitzer der Kalebasse, hängte diese an seinen Gürtel und wandte sich zum Gehen, um wieder in seine Blüte zu steigen. Doch Liu war inzwischen unbemerkt auf allen Vieren an die betrunkene Tischrunde herangekrochen, und schon streckte er seine Hand nach der Kalebasse aus, als ihn einer gewahrte. „Achtung, ein Dieb", rief dieser, und gleich zauberten sie ein dickes Seil aus der Kalebasse, mit dem sie Liu fesselten. Im folgenden Verhör merkten die Männlein bald, dass Liu der habgierige Gutsbesitzer und skrupellose Ausbeuter war, von dem Li Qing im Jahr davor erzählt hatte. Die Unsterblichen waren sich in ihrem Urteil einig: „Eine derart boshafte und hinterlistige Person muss gebrandmarkt werden, damit sie ihren Mitmenschen nie mehr schaden kann." Einer nach dem anderen packte Liu an seiner Nase und zog ordentlich daran, sodass sie immer länger wurde, bis sie ihm am Ende sage und schreibe zwei Meter weit aus dem Gesicht ragte! Seitdem zeigte sich Gutsbesitzer Liu nicht mehr in der Öffentlichkeit, weil er sich so schämte. Und glücklicherweise hatte er dadurch auch keine Möglichkeit mehr, arme Menschen rücksichtslos auszubeuten.

Zu den Hintergründen

In diesem Märchen wird der habgierige und listige Gutsbesitzer entlarvt und bestraft, der redliche Junge dagegen wird belohnt. Dieser Typ von Märchen kommt auch in China sehr häufig und in zahllosen Varianten vor. Immer geht es darum, dass die armen Bauern bedrängt werden und die reichen Gutsbesitzer ihnen auch noch die Gaben der guten Geister abluchsen (siehe auch die Geschichte von den Drachensandbänken). Viele chinesische Märchen wurden erst Anfang des 20. Jahrhunderts gesammelt, vor allem auf dem Land bei den armen Bauern. Daher spielt dieser Typ von Geschichten, in denen die Unsterblichen die Gerechtigkeit wieder herstellen, eine wichtige Rolle in diesen Erzählungen.

DER JÄGER HAILIBU

Wie ein Jäger für seine Hilfe einem wehrlosen Wesen gegenüber belohnt wird und wie er sich aus Nächstenliebe für seine Mitmenschen opfert

In der Inneren Mongolei, in den „Daqing-Bergen", lebte einst ein junger Mann namens Hailibu. Da er seinen Lebensunterhalt durch die Jagd verdiente, nannten ihn die Leute "Anqin", was auf Mongolisch soviel wie „Jäger" bedeutet. Hailibu war warmherzig und hilfsbereit und teilte die Sorgen seiner Mitmenschen. Oft schenkte er seinen Nachbarn Wildtiere, die er erlegt hatte. Daher wurde er von allen respektiert und war überall beliebt.
Eines Tages ging Hailibu in die Berge zur Jagd. Da erblickte er am Waldrand eine kleine weiße Schlange, die eine Baumwurzel umschlang und anscheinend eingeschlafen war. Hailibu schlich auf Zehenspitzen heran, um das Tier nicht zu stören. Doch plötzlich rauschte ein grauer Geier über seinen Kopf hinweg, stürzte sich auf die Schlange, packte sie mit seinen Krallen und flog zum Himmel empor. Die weiße Schlange erwachte und stieß entsetzte Hilfelaute aus. Hailibu griff zum Bogen, legte zügig einen Pfeil auf und zielte genau. Weil er den räuberischen Riesenvogel nicht töten, sondern bloß warnen wollte, zischte der Pfeil haarscharf an dem Geier vorbei,

猎人海力布

sodass dieser seine Beute vor Schreck fallen ließ und davonflog. Hailibu ging behutsam auf die weiße Schlange zu, die reglos am Boden lag. Als er feststellte, dass sie unverletzt war, sagte er zu ihr: „Du armes Ding, geh zurück zu deinen Eltern!“ Als ob sie seine Worte verstanden hätte und sich bei ihm bedanken wollte, nickte ihm die kleine Schlange zu, bevor sie sich durch das Gras davonschlängelte.

Als Hailibu am nächsten Morgen an derselben Stelle am Waldrand vorbeikam, stand dort eine schöne junge Frau im weißen Kleid, umgeben von anderen jungen Frauen. Hailibu wunderte sich und wollte schüchtern einen großen Bogen um das Grüppchen machen. Doch die Schöne im weißen Kleid kam direkt auf ihn zu und sagte lächelnd: „Mein Lebensretter! Du kannst mich nicht erkennen. Ich bin die Tochter des Drachenkönigs, und diese jungen Frauen sind meine Mägde. Als ich gestern hier alleine wanderte, wurde ich müde und schlief unter diesem Baum ein. Da packte mich der Raubvogel, und aus der drohenden Lebensgefahr, in der ich schwebte, hast du mich gerettet. Meine Eltern sind unendlich dankbar und möchten sich persönlich erkenntlich zeigen. Ich habe hier auf dich gewartet, um dich zu ihnen zu bringen.“ Dann trat die Schöne näher heran und fuhr etwas leiser fort: „Meine Eltern werden dir vielerlei Geschenke anbieten, mit denen sie ihre Dankbarkeit zum Ausdruck bringen möchten. Ich bitte dich aber, nichts davon anzunehmen bis auf den Edelstein, den mein Vater in seinem Mund trägt. Wer dieses Juwel im Mund hat, kann die Sprache aller Tiere verstehen. Diese Gabe würde dir als Jäger mehr helfen als alle anderen Kostbarkeiten zusammen.“

Hailibu nickte und folgte der jungen Frau und ihren Begleiterinnen in ein tiefes Tal, in dem er nie zuvor gewesen war. Je weiter sie gingen, desto kälter wurde es. Schließlich erreichten sie am Talboden ein Felsenportal, das zu einer Höhle zu führen schien. Dort stand ein weißhaariger alter Mann. Als er die Gruppe herannahen sah, trat er dem jungen Jäger freundlich entgegen und sprach ihn respektvoll an: „Mein Wohltäter, ich finde kaum Worte, mit denen ich meinen großen Dank dafür zum Ausdruck bringen kann, dass du das Leben meiner Tochter gerettet hast! Denn sie ist mir mehr wert als alles andere in der Welt. Ich bin ihr Vater, der Drachenkönig, und nun würde ich dich am liebsten in meinen Kristallpalast einladen, um dich meiner Frau vorzustellen. Aber als normalem Sterblichen ist es dir nicht gegeben, unter Wasser zu leben. Daher habe ich dich zu meiner verborgenen Schatzkammer führen lassen. Hier kannst du dir als Belohnung aussuchen, was immer dir gefällt."

Dann begleitete er Hailibu in seine unterirdische Schatzkammer, die unzählige Räume umfasste. In jedem Raum türmten sich glitzernde Korallen, Edelsteine, Perlen und Diamanten bis zur Decke. Aber Hailibu berührte nichts davon. Immer wieder bat ihn der Drachenkönig, sich nicht zu zieren und ermunterte ihn, alles zu nehmen, was ihm gefiel. Hailibu jedoch befolgte den Rat der weißen Schlange und verzichtete auch im allerletzten Raum darauf, irgendetwas an sich zu nehmen. Den Drachenkönig verwunderte dies in höchstem Maße. Er schien betrübt und fragte besorgt, ob dem jungen Mann wirklich nichts von all den Schätzen gefalle. Hailibu erwiderte: „Mein verehrter Herr, Euch zu kränken, liegt mir fern. Eure Schätze sind ganz außerordentlich, doch wären sie mir kaum von Nutzen, denn ich kann von der Jagd, meinem Beruf und meiner Berufung, ausgezeichnet leben. Ich habe nur einen Wunsch, den zu äußern ich aber nicht wage, da er doch recht vermessen erscheint." Da stutzte der Drachenkönig, ermunterte ihn aber, diesen Wunsch zu äußern. „Ach", sagte Hailibu,

„am liebsten hätte ich den Edelstein in Eurem Munde zur Belohnung, denn dieser wäre mir bei der Jagd eine große Hilfe.” Der Drachenkönig lachte schallend, als er die Worte Hailibus vernahm: „Junger Mann, das größte Geheimnis meiner Familie kennst du also schon! Das hat dir bestimmt meine geliebte Tochter zugeflüstert. Aber ich halte mein gegebenes Versprechen, dir von meinen Schätzen zu geben, was immer du wünschst, und sei es dieser ganz besondere Edelstein. Es ist auch nicht so, dass ich nicht davon lassen könnte. Ich habe dir den Stein nur deshalb nicht angeboten, weil sein Besitz untrennbar mit einer Gefahr verbunden ist, vor der ich dich warnen muss!“ Er nahm den Rubin aus seinem Mund und sprach ernst: „Du kannst mit diesem Stein zwar die Sprache aller Tiere verstehen, doch alles, was du dadurch hörst und erfährst, musst du unbedingt für dich behalten! Solltest du das Gehörte irgendeinem anderen Menschen verraten, wirst du dich unweigerlich von Kopf bis Fuß in Stein verwandeln. Niemand wird dir das Leben je zurückgeben können. Denk reiflich über meine Warnung nach, ehe du dich entscheidest.“ Hailibu überlegte kurz und entschied sich dann trotz der Warnung für den magischen Edelstein. Daraufhin überreichte der Drachenkönig ihm diesen feierlich. Hailibu bedankte sich gebührend und verabschiedete sich in aller Form. Die Prinzessin begleitete ihn auf seinem Heimweg bis zu der Stelle am Waldrand, wo sie sich begegnet waren. Dabei wies sie ihn nochmals eindringlich darauf hin, die Warnung ihres Vaters zu beherzigen und die Botschaften der Tiere keiner Menschenseele zu offenbaren.
Seit diesem Tag war die Jagd für Hailibu viel einfacher. Weil er nun imstande war, die Sprache aller Vögel und Wildtiere zu verstehen, wusste er immer, wo er seine Beute aufsuchen und erlegen konnte. Seine zunehmenden Jagderfolge brachten

aber nicht nur ihm größeren Nutzen, sondern auch seinen Nachbarn, denen er bereitwillig vom erlegten Wild abgab. Und mehrmals gelang es ihm, die Mitbewohner seines Dorfes rechtzeitig vor der Heimsuchung durch eine Meute von Steppenwölfen zu warnen und diese gemeinsam abzuwehren, ohne dass die Dorfbewohner seine „Vorahnung" hinterfragten. So vergingen viele Jahre.

Als Hailibu eines Tages in den Bergen unterwegs war, hörte er dem Gezwitscher einer Schar Vögel zu und erschrak zutiefst, als er verstand, was sie einander mitteilten: „Freunde, wir müssen schnellstens umziehen! Der Berg hier wird morgen einstürzen und zerfallen. Das Hochwasser wird das gesamte umliegende Land überschwemmen. Wer weiß, wie viele Menschen und Tiere sterben werden!" Namenloses Entsetzen packte Hailibu, als er die Worte der Vögel hörte, und er lief auf schnellstem Wege nach Hause. Jedem Menschen, der ihm begegnete, rief er zu: „Zieh mit den Deinen sofort von hier weg, bevor es zu spät ist! Glaub mir, sonst wird es dich reuen!" Hailibus Aufregung und seine Warnung verblüffte alle, aber keiner glaubte seinen Worten. Manche dachten sogar, er sei verrückt geworden. Als Hailibu bemerkte, dass er von den Dorfbewohnern nicht ernst genommen wurde, vergoss er heiße Tränen der Verzweiflung und seufzte: „Wenn ich nicht mein Leben für euch lasse, wird mir keiner von euch glauben." Einige ältere Männer hatten jedoch erkannt, wie ernst es dem jungen Jäger war. Sie sagten zu Hailibu: „Wir haben uns vor vielen Generationen hier angesiedelt und haben unser Auskommen. Nun heißt du uns, augenblicklich wegzuziehen. Weißt du, mit welchen Opfern ein solcher Umzug verbunden ist? Zwar wissen wir alle, dass du nie gelogen hast und immer hilfsbereit warst, aber lass uns doch einfach wissen, aus welchem Grund wir deinem Rat folgen sollen!"

Hailibu wurde schmerzlich bewusst, dass er nun sein Geheimnis preisgeben musste, wenn er seine Mitmenschen vor der bevorstehenden Katastrophe retten wollte. Lieber aber wollte er dieses Opfer auf sich nehmen, als Leben und Besitz seiner Dorfgemeinschaft aufs Spiel zu setzen. Und so schilderte er den versammelten Dorfbewohnern, wie er den wundersamen Edelstein und damit die Fähigkeit erlangt hatte, die Sprache der Tiere zu verstehen, und dass er an diesem Morgen das Gespräch der Vögel belauscht hatte, die von der drohenden Naturkatastrophe gesprochen hatten. Aber mit jedem Wort und Satz seiner Erzählung wurden seine Gliedmaßen steifer, und allmählich verwandelte er sich von den Füßen her ganz zu Stein. Mit ersterbender Stimme konnte er noch flüstern, dass ihn das Verraten dieses Geheimnisses sein Leben koste. Als er geendet hatte, war er zu einer stummen Steinskulptur geworden. Kein Mensch zweifelte mehr an der Wahrheit seiner Worte. Mit Tränen in den Augen packten die Menschen hastig das Notwendigste zusammen, trieben ihre Pferde, Rinder und Schafe aus den Ställen und verließen so schnell sie konnten die Siedlung. Und schon fing es an zu blitzen und zu donnern und in Strömen zu regnen. Kaum hatten die Flüchtenden in der Morgendämmerung den nächsten Hügel erreicht, hörten sie hinter sich ein welterschütterndes Getöse. Der Berg, an dessen Fuß ihre Siedlung lag, stürzte ein und vergrub die verlassenen Häuser unter sich. Dazu überflutete ein Hochwasser alle umliegenden Weiden und riss die Erde mit sich fort. Zutiefst erschüttert blickten die Menschen einander an: „Wenn Hailibu sich nicht aufgeopfert hätte, um uns vor der Gefahr zu warnen, wären wir alle jämmerlich gestorben“, sagte der Dorfälteste.

Als sich das Wasser nach ein paar Tagen zurückzog und der Himmel sich lichtete, stiegen die Leute hinunter und bargen die versteinerte Gestalt ihres Retters, um sie inmitten ihrer neuen Siedlung aufzustellen. Dort sollten auch die Kinder zukünftiger Generationen ihres Helden gedenken.

Zu den Hintergründen

Neben den Han-Chinesen, der größten Volksgruppe, deren Name sich von der mächtigen Han-Dynastie (206 v.Chr.–220 n.Chr.) herleitet, leben in China noch 55 weitere ethnische Minderheiten, darunter die Mongolen. Diese Geschichte ist ein mongolisches Märchen, also die Erzählung eines Volkes, das lange vor allem von Jagd und Viehzucht lebte. Dass Tiere im Märchen mit menschlicher Sprache sprechen, kommt sehr häufig vor. Dass einzelne, auserwählte Menschen die Sprache der Tiere verstehen, ist ein Motiv, das seltener, aber durchaus auch in einigen Märchen auftaucht, so auch in europäischen Volksmärchen, wie z.B. im Märchen „Die weiße Schlange" der Gebrüder Grimm.

Dass Tiere selbst in einer eigenen Sprache miteinander sprechen und vieles wissen, ist ebenfalls typisch für Märchen. Dieser letztgenannte Gedanke bietet sich einerseits fast von selbst an, wenn man an Vögel denkt, die wir ja „singend" miteinander kommunizieren hören. Gerade das Verhalten der Vögel beobachten viele Naturvölker sehr genau, weil sie daraus Hinweise für das bevorstehende Wetter gewinnen. Auch moderne Menschen tun das manchmal noch. So sagen sie, wenn sie den Zug der Wildgänse nach Süden sehen, dass der Winter naht.

Aber die Weisheit der Tiere ist, mythologisch betrachtet, mitunter noch viel tiefgreifender. Bei sehr vielen Völkern, die sich von der Jagd ernähren, gibt es die Vorstellung, dass in den Tieren die Seelen der Vorfahren leben. Insbesondere gilt das für Vögel, aber auch für andere Tiere. Dieser Gedanke ist in sehr vielen Märchen erhalten geblieben und drückt sich z.B. darin aus, dass Tiere oft sprechen können und wichtig für den Verlauf der Erzählung sind. Mit ihnen muss man sich im Märchen gut stellen, sie können hilfreich sein, aber auch böse. Und da die Seelen der Ahnen in den Tieren leben, trifft nach der Vorstellung der Naturvölker der Jäger nicht zufällig auf das Jagdtier, sondern dieses Zusammentreffen ist gewissermaßen von den guten Geistern arrangiert. Jedenfalls dann, wenn der Jäger eine gute Beziehung zu ihnen (zu den Ahnen, zu den Tieren) hat, was große Jäger auszeichnet. Die Initiationsriten vieler Naturvölker dienten dem Ziel, diese Beziehung aufzubauen.

Im vorliegenden Märchen erhält Hailibu vom Drachenkönig die Gabe des Verstehens der Tiersprachen als Geschenk für die Rettung seiner Tochter. Die besondere Gabe ist durch einen Stein symbolisiert, den der Drachenkönig im Mund trägt. Dass magische Kräfte mit einem Stein im Mund verknüpft sind, kommt in chinesischen Märchen und Geistergeschichten häufig vor. So haben z.B. Fuchsgeister oft einen roten Stein mit magischen (Heil-)Kräften im Mund. Aber auch in dem berühmten klassischen Roman „Der Traum der roten Kammer" spielt ein Stein, mit dem ein Kind im Mund geboren wird, eine wichtige Rolle. Einen solch magischen Stein erhält also der Jäger Hailibu, und die damit verbundene Fähigkeit zeichnet ihn künftig aus.

DAS BROKATBILD

Wie eine alte Weberin ein Brokatbild erschafft, es ihr entrissen wird und wie ihr jüngster Sohn das Bild auf abenteuerliche Weise wiedererlangt

Es war einmal vor langer Zeit, da lebte im Land des Volkes der Zhuang eine Frau, die „Dabu“ genannt wurde, was so viel bedeutet wie „ältere Frau.” Sie lebte mit ihren drei Söhnen in einer einfachen Strohhütte am Fuße eines Hügels, der am Rand einer spärlich bewachsenen Ebene lag. Der älteste Sohn hieß Lemo, der mittlere Leduja und der jüngste trug den Namen Lerou. Die Frau hatte ihren Mann schon in jungen Jahren verloren und daher ihre Kinder alleine aufgezogen. Das war schwierig, doch sie hatte geschickte Hände und konnte wunderschöne Brokatstoffe weben, die sie auf dem Markt verkaufte. In diese Stoffe wob sie farbige Muster, Blumen, Tiere und Vögel ein, die frisch und lebendig wirkten. Die Leute kauften ihre Stoffe gerne. Mit dem Erlös ihrer Handarbeit ernährte Dabu sich und ihre Söhne.

Eines Tages ging die Weberin mit einer Rolle Brokatstoff zum Markt, um sie zu verkaufen und von dem Erlös Lebensmittel zu besorgen. Auf ihrem Weg kam sie an einem Haus vorbei und erblickte durch das Fenster ein herrliches Gemälde, vor dem sie andächtig stehenblieb. Auf dem Bild waren prächtige

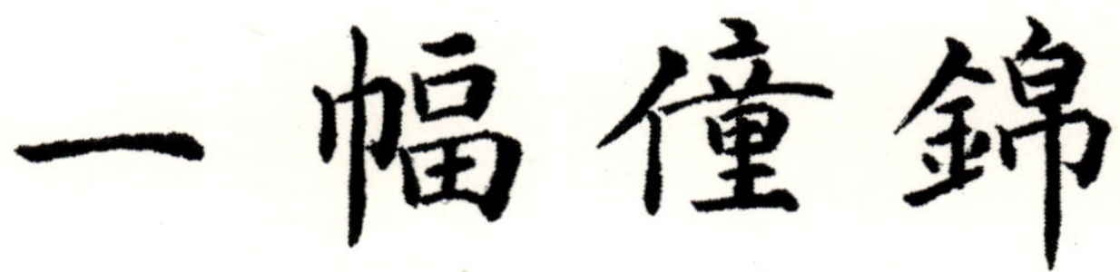

Häuser und schöne Gärten zu sehen, und in den Gärten blühten Rosen und zarte Wildblumen. Obstbäume trugen köstliche Früchte und sahen so echt aus, dass Dabu meinte, ihren Duft riechen zu können. Ringsum befanden sich breite Wiesen, Reisfelder und ein Fischteich, und Schafherden, Hühner und Enten waren zu erkennen. Das farbenfrohe Gemälde erfreute ihr Herz so sehr, dass sie ohne zu zögern das Haus betrat und ihre Brokatstoffe zum Tausch gegen das Gemälde anbot. Auf dem Heimweg konnte sie sich vor Freude kaum beherrschen, sie musste das Bild, das sie zusammengerollt bei sich trug, immer wieder ausbreiten und bewundern.

Zu Hause angekommen, rief Dabu ihre Söhne zu sich und zeigte ihnen den neu erworbenen Schatz. Lemo, der Älteste, fragte: „Mutter, woher hast du denn das? Du hast dieses Bild doch nicht etwa gekauft?" Doch die Mutter nickte und ihre Augen strahlten. Daraufhin rief ihr Sohn: „Mutter, haben dich alle guten Geister verlassen? Anstelle von Lebensmitteln hast du dieses Bild gekauft? Was sollen wir jetzt essen?" Die Weberin erwiderte seelenruhig: „Gekauft habe ich es eigentlich nicht, ich habe es gegen meine Brokatstoffe eingetauscht." Leduja, der mittlere Sohn, schloss sich seinem Bruder an und warf ihr vor: „Mutter, wie konntest du das nur machen? Von dem Erlös aus dem Verkauf hätten wir ein Jahr leben können!" Nur Lerou, der Jüngste, sagte: „Ich habe dich schon lange nicht mehr so glücklich und strahlend gesehen, Mutter. Ich bin froh, dass dir das Bild Freude bereitet." Die Mutter lächelte ihn an und seufzte: „Wäre es nicht wunderbar, wenn wir alle zusammen an so einem Ort leben könnten?" Lemo bemerkte spöttisch: „Wovon so eine alte Frau nicht alles träumt!" Leduja stimmte ein: „Solche Träume kannst du gerne in deinem nächsten Leben verwirklichen, falls du ein nächstes Mal wieder als Mensch geboren wirst!" Lerou aber legte seiner

Mutter den Arm um die Schulter und sagte: „Mutter, du bist die beste Weberin weit und breit. Alles, was du in deine Stoffe einwebst, wirkt lebendig. Wenn du dieses Bild in einen Brokatstoff webst, wird es für dich so sein, als ob du selbst darin lebtest." Die beiden älteren Söhne fuhren dazwischen: „Das kommt nicht in Frage!" Sie warfen ihrem Bruder böse Blicke zu. „Mutter, du hast für unseren Lebensunterhalt zu sorgen, Stoffe zu weben und zu verkaufen oder wir verhungern alle. Da bleibt keine Zeit für solche Spielereien." Die alte Frau blieb gelassen: „Ihr braucht euch keine Sorgen zu machen. Tagsüber webe ich für unseren Lebensunterhalt, doch womit ich mich nachts beschäftige, das ist meine Sache." Lerou lächelte und versprach ihr, Holz zu sammeln und zu verkaufen, um so zum Lebensunterhalt beizutragen, was er ab dem nächsten Morgen auch gewissenhaft tat.

Von diesem Tag an setzte sich Dabu gleich nach dem ersten Hahnenschrei an ihren Webstuhl, um tagsüber Stoffe für den Verkauf zu weben. Abends aber arbeitete sie im Licht einer Fackel weiter und schuf ein Brokatbild nach dem Vorbild jenes Gemäldes, das ihr Herz so erfreut hatte. Die Zeit verging, und Nacht für Nacht saß die Weberin an ihrem großen Werk. Vom Rauch des rußigen Kienspans gereizt, brannten ihre Augen, doch sie wob die Tränen einfach in ihr Bild ein, sodass daraus Bäche und Teiche wurden. Manchmal bluteten ihre Augen sogar, aber mit dem Blut färbte sie die Abendsonne und rote Mohnblüten in ihrem Bild.

Nach drei Jahren war das farbenprächtige Brokatbild vollendet. Darauf waren prachtvolle Häuser zu sehen mit blau glasierten Dachziegeln, blaugrünen Mauern, Säulen aus rosa Marmor und gelb schimmernden Portalen. Ein großer Blumengarten lud zum Verweilen ein, und ein Obstgarten mit seltenen Bäumen und exotischen Früchten lockte den Betrachter. Auf den Bäu-

men konnte man zierliche Vögel erkennen und weiter hinten einen Gemüsegarten mit bunten Kürbissen, Blättergemüse und Gurken. Auf einer Wiese weideten Rinder und Ziegen, und zwischen Sträuchern sah man Hühner und Enten auf der Futtersuche. Auf der Wiese war ein Teich, in dem glitzernde Fische träge umherschwammen. Am Fuß des benachbarten Berges, unweit der Gärten und Gebäude, war ein unübersehbar weites, von einem Bach durchflossenes Feld eingewoben, auf dem Reis und goldgelber Mais auf die Ernte warteten.
„Oh Mutter, ein so schönes Brokatbild haben wir noch nie gesehen", lobten alle drei Söhne. Dabu rieb ihre müden Augen, gähnte und streckte ihre Glieder. Dann lachte sie glücklich. Ihre große Mühe hatte sich gelohnt, endlich hielt sie nach drei langen Jahren ihr fertiges Bild in Händen und hoffte, nun Ruhe zu finden. Aber genau in diesem Augenblick erhob sich urplötzlich ein heftiger Wind von Westen her, riss das wunderschöne Brokatbild aus den Händen der Weberin und wirbelte es auf und davon. Dabu rannte hinterher, doch es nutzte nichts, sie musste mitansehen, wie ihr Herzstück gen Osten fortgetragen wurde. Über diesen unerträglichen Anblick fiel sie in Ohnmacht. Ihre Söhne trugen sie in die Hütte, legten sie behutsam auf das Bett und bereiteten ihr einen Ingwertee. Als sie wieder zu sich kam, sagte sie zu Lemo, ihrem Ältesten: „Mein geliebter großer Sohn, kannst du für mich gen Osten ziehen und nach dem Brokatbild suchen? Du weißt, es ist mein Lebenswerk." Lemo nickte und machte sich auf den Weg. Nach einem Monat erreichte er einen Bergpass. Gleich hinter dem Bergpass fand er ein steinernes Haus und neben dem Haus ein versteinertes Pferd, das hielt sein Maul an die Erdbeeren, die vor dem Haus wuchsen, als ob es sie fressen wollte. „Das ist sonderbar", dachte Lemo, „warum macht das Pferd nicht ein paar Schritte, um die Erdbeeren zu schnappen?"

Während er noch staunend dastand, trat aus dem Haus eine uralte Frau. Sie fragte Lemo, wer er sei und was er hier suche. Da antwortete er: „Ich heiße Lemo und suche das kostbare Brokatbild meiner Mutter, an dem sie drei Jahre lang gewebt hat. Es wurde von einem Wirbelwind davongetragen. Könnt ihr mir sagen, Mütterchen, wo ich das Bild finden kann?“ Die alte Frau nickte und meinte: „Das Bild ist auf dem Sonnenberg bei den unsterblichen Jungfrauen. Dorthin zu gelangen ist jedoch sehr schwer. Zuerst musst du dir drei Zähne ziehen und dem Steinpferd hier einsetzen, damit es die Erdbeeren fressen kann. Frisst es die Erdbeeren, so wird es stark und kann dich zu den Sonnenfeen tragen, wo du das Bild finden wirst.“ Und sie fügte hinzu: „Das Pferd wird dich durch das Feuermeer und das Eismeer tragen. Beide liegen auf dem Weg zum Sonnenberg, und wer dorthin will, muss sie durchqueren.“ Während die alte Frau sprach, legte sich Lemo die Hand vor seinen Mund, der schon vom Zuhören zu schmerzen begann. Seinen ganzen Körper durchlief ein Schauer. Die alte Frau schaute ihm ins Gesicht und sagte mit einem Lächeln: „Junger Mann, mir scheint, du wirst diese Strapazen kaum ertragen können. Am besten kehrst du gleich nach Hause zurück. Ich gebe dir etwas Bruchsilber für deine Familie mit, damit du nicht mit leeren Händen heimkommst.”

Sie holte eine Schachtel aus dem Steinhaus und überreichte sie Lemo. Dieser verabschiedete sich von der alten Frau und machte sich umgehend auf den Heimweg. Kaum war er jedoch außer Sichtweite, hielt er inne. Er öffnete die Schachtel, zählte das Silber und dachte bei sich: „Wenn die ganze Familie davon leben soll, wird es nicht lange dauern, bis alles aufgebraucht ist. Ich alleine könnte davon aber eine ganze Weile wie ein feiner Herr leben.“ Also bog er von seinem ursprünglichen Weg ab und marschierte in die nächste große Stadt.

Die arme Dabu war seit dem Verlust ihres Brokatbildes nur noch ein Schatten ihrer selbst. Schwach und in sich zusammengesunken saß sie in ihrer Hütte. Als ihr ältester Sohn nach zwei Monaten immer noch nicht zurückgekehrt war, sagte sie zu Leduja, dem mittleren Sohn: „Mein geliebter Sohn, kannst du für mich nach Osten gehen und nach dem Brokatbild suchen? Mein Herz bricht, wenn ich es nicht mehr sehe." Leduja nickte und machte sich auf den Weg. Nach einem Monat gelangte er an das Steinhaus mit dem steinernen Pferd. Doch es erging ihm nicht anders als seinem älteren Bruder. Und nachdem auch er von der alten Frau ein Kästchen mit Bruchsilber erhalten hatte, ging er ebenfalls, anstatt nach Hause, in die nächste Stadt, um nur für sich selbst zu sorgen. Der Weberin aber ging es von Tag zu Tag schlechter. Ihre Sehkraft schwand weiterhin, und immer häufiger musste sie das Bett hüten. Als Leduja nach zwei Monaten immer noch nicht zurückgekommen war, erwähnte sie ihr Brokatbild nicht mehr. Da fasste sich Lerou ein Herz und sagte: „Ich weiß nicht, was meinen Brüdern geschehen ist, aber ich will dir dein Brokatbild zurückholen!" Dabu meinte: „Wie soll ich ohne dich ganz allein hier leben?" Aber nach einigem Hin und Her gab sie ihm ihren Segen, und so machte Lerou sich auf die Suche nach dem Bild seiner Mutter.

Auch Lerou gelangte zu dem Haus beim steinernen Pferd. Die alte Frau erzählte ihm dasselbe wie seinen Brüdern und bot ihm ebenfalls Silber für die Heimreise an, da sie auch ihn für zu schwach hielt. Aber das Geld interessierte Lerou nicht. Als er hörte, dass er dem Steinpferd seine Zähne einsetzen müsse, hob er sogleich einen Stein vom Boden auf und schlug sich damit drei Zähne aus, die er dem Pferd ins Maul setzte. Dann sprang er auf den Pferderücken. Das Pferd wieherte dreimal, reckte und streckte sich und fraß drei Erdbeeren. Und als das

Ross sich schon aufbäumte, rief ihm die alte Frau zu: „Wenn du durch das Feuermeer reitest, darfst du keinen Schmerzenslaut von dir geben, sonst verbrennst du zu schwarzer Kohle. Im Eismeer wird Wasser voller Eisschollen auf dich einstürzen. Zittere keinen Augenblick, sonst stürzt du vom Pferd und sinkst selber als Eisblock ins Meer. Doch dahinter gelangst du zum Sonnenberg, dort wirst du das Brokatbild finden."
Lerou bedankte sich für den Rat und galoppierte davon. Er ritt durch das Feuermeer, das loderte und brannte. Die Flammen umzüngelten ihn, als wollten sie ihn verschlingen, und es war ihm, als fräßen sie ihm das Fleisch von den Knochen. Es schmerzte ungeheuerlich, doch er presste seine Zähne fest zusammen, gab keinen Laut von sich und ritt unbeirrt weiter. Er durchritt das Eismeer, die scharfen Kanten der Eisschollen schnitten tief in seine Haut. Die Kälte drang ihm durch Mark und Bein und raubte ihm fast den Atem. Er spürte, wie seine Gliedmaßen immer steifer und schwerer wurden, aber weder zitterte, noch klagte er. Nach drei Tagen und Nächten erreichte er halb tot den Fuß eines Berges, der von der milden Abendsonne beschienen wurde. Auf dem Berg stand ein heller Palast, und als er näherkam, hörte er aus dessen Fenstern Gesang und Gelächter von Frauen. „Das wird wohl der Sonnenberg sein, und der Gesang kommt sicher von den unsterblichen Jungfrauen." Dieser Gedanke belebte den jungen Mann, er gab seinem Pferd die Sporen und erreichte kurz darauf den Palast. Als er das große Gebäude betrat, kam er in eine prächtige Halle, in der schöne junge Frauen in einem Halbkreis saßen und webten. Vor ihnen lag das Brokatbild seiner Mutter, das sie als Vorlage für ihre Weberei nutzten. Als die Frauen Lerou bemerkten, schauten sie überrascht von ihrer Arbeit auf. „Was führt dich hierher? Selten verirren sich Fremde zu uns", sprach ihn eine bildschöne Frau in rotem Kleid an.

Lerou erzählte nun, was seiner Familie zugestoßen war. Als die jungen Frauen hörten, dass seine Mutter nach dem Verlust ihres Bildes schwer erkrankt war, tat es ihnen leid, das Bild entführt zu haben. Die Schöne im roten Kleid sagte: „Wir bitten sehr um Verzeihung, dass unser Handeln so schreckliche Folgen für eure Mutter hatte. Wir werden heute die ganze Nacht durcharbeiten, damit wir schon morgen fertig sind. Nun aber ruh dich bei uns von der langen Reise aus. Morgen kannst du das wundervolle Bild deiner Mutter wiederhaben und ihr zurückbringen." Die jungen Frauen bewirteten Lerou mit Früchten, die er nie zuvor gesehen hatte und die ihm köstlich schmeckten. Als die Abenddämmerung einsetzte, hängten die Weberinnen eine hellleuchtende Perle im Saal auf, um weiterarbeiten zu können. Lerou aber, der drei Tage und drei Nächte nicht geruht hatte, sank nieder und schlief sofort ein.

Als er in der Morgendämmerung aufwachte, war der Palast verschwunden, und er lag auf einer Wiese neben seinem Pferd. Das Brokatbild seiner Mutter war im Gras ausgebreitet, daneben lagen ein Paar Schuhe aus Rehleder sowie ein Brief. Darin stand geschrieben: „Lieber Lerou, die Schuhe sind unser Geschenk für dich. Wer die Schuhe trägt, wird sicher und schnell dahin gebracht, wohin er sich wünscht. Eurer Mutter wünschen wir baldige Genesung." Lerou erhob sich, rollte das Brokatbild zusammen und sagte zu seinem Pferd: „Du musst allein nach Hause laufen, du kennst ja den Weg!" Das Pferd nickte ihm zu und rannte im Galopp davon. Lerou zog sich die rehledernen Schuhe an, und im Handumdrehen war er wieder am Steinhaus der alten Frau, die ihn freudestrahlend empfing: „Du bist ein tapferer Junge! So ist es dir gelungen, die gefährliche Reise zu überstehen und das Brokatbild zurückzubringen. Ich bitte dich aber, noch einen Moment zu warten, bis mein

Pferd wieder hier ist, es wird nicht lange dauern, denn ohne einen Reiter galoppiert es so schnell wie der Wind!" Kaum hatte sie ausgesprochen, stand das Pferd schon da. Die alte Frau griff dem Tier ins Maul, holte Lerous Zähne heraus und stecke sie ihm in den Mund, wo sie sofort wieder fest an ihrem Platz saßen. Das Pferd aber stand wieder steinern und regungslos da, als hätte es sich nie vom Fleck gerührt.

Lerou dankte der alten Frau, drehte sich mit seinen Schuhen einmal um die eigene Achse und wünschte sich nach Hause. Und schon stand er vor der Hütte seiner Mutter. Die Nachbarin sah ihn und rannte auf ihn zu: „Da bist du endlich! Ich dachte, du würdest wie deine Brüder nicht mehr zurückkommen. Geh schnell zu deiner Mutter, sie liegt im Sterben. Ihr Augenlicht ist fast erloschen. Sie wird sich freuen, dass du wieder da bist." Der Jüngling trat ans Lager seiner Mutter und entrollte das Brokatbild: „Sieh Mutter, ich habe dein Brokatbild zurückgeholt." Beim Klang seiner Stimme öffnete die Weberin die Augen. Sie erkannte ihren Sohn, sie sah ihr Brokatbild und sogleich strömte wieder Lebenskraft in ihren Körper. Die alte Frau stand auf und drückte Lerou innig an sich. „Komm mit mir nach draußen! Ich will mir das Bild bei Licht besehen." Sie legten das Brokatbild vor ihrer Hütte auf einen großen, glatten Stein und betrachteten es eingehend. „Oh, wie glücklich ich bin", rief die Mutter und ihr stiegen die Tränen in die Augen. Sie erkannte in ihrem Bild alle Einzelheiten wieder. Doch bei genauem Hinsehen bemerkte sie eine neue Figur im Bild: Auf der Wiese, beim Fischteich, stand eine wunderhübsche junge Frau in einem rotem Kleid, die vorher nicht da gewesen war. „Mutter!", rief Lerou freudig aus: „Das hier ist die Frau vom Sonnenberg!"

Und plötzlich geschah etwas Merkwürdiges: Das Bild dehnte sich langsam aus und bedeckte allmählich die ganze Umgebung. Die alten Strohhütten und die kargen Felder verschwanden, und dann fand sich Dabu mit ihrem Sohn Lerou im eigenen Brokatbild wieder. Alles, was an Ideen und Wünschen in den Brokat eingewoben war, war Wirklichkeit geworden: Prächtige Häuser mit blau glasierten Dachziegeln, blaugrünen Mauern, Säulen aus rosa Marmor und gelb schimmernden Portalen, die Obstbäume mit exotischen Früchten, der große Gemüse- und der Blumengarten mit seinen unzähligen Blüten, die Enten und Gänse am Fischteich und die Tiere auf der Wiese. Die beiden standen erstaunt vor einem prachtvollen Haus und dachten, es wäre alles bloß ein Traum. Aber sie hörten die Vögel zwitschern, die Ziegen meckern, die Hühner gackern und das tiefe Muhen der Rinder. Der Duft der Blumen und Kräuter stieg ihnen in die Nase, und gänzlich überzeugt waren sie, als sie einige Früchte von den Bäumen probierten, die köstlich schmeckten. Als sie dann auf die Wiese zum Fischteich gingen, kam die junge Frau im roten Kleid auf sie zu und grüßte sie freundlich mit den Worten: „Mein Name ist Hongyinü, ich bin eine der Frauen vom Sonnenberg." Sie lächelte Dabu zu und fuhr fort: „Euer Brokatbild ist von überirdischer Schönheit! Unseren Webarbeiten weit überlegen, besitzt es eigene Lebenskraft. In der Nacht, als Lerou schlief, habe ich mich selbst in Euren Brokat eingewoben, mit dem Segen meiner Schwestern, weil ich wusste, dass dieses Bild Wirklichkeit werden und mich zu Lerou bringen würde. Von Euch möchte ich noch mehr über die Webkunst lernen und mit Lerou zusammen möchte ich alt werden. Sein Mitgefühl, sein Mut und seine Entschlossenheit haben mich tief beeindruckt." Sie umarmte den jungen Mann, der dies gerne geschehen ließ, und sie küssten einander. Die Nachbarn kamen herbei und gratulierten dem jungen Paar. Die Hochzeit wurde gefeiert, es wurde gegessen, getrunken, musiziert, getanzt

und gespielt. In dem ganzen Trubel bemerkten die Feiernden nicht, dass zwei Bettler in schäbiger Kleidung das Tal betraten, sich verstohlen umsahen und es danach wieder still und verlegen verließen.
Die Weberin und das junge Paar luden ihre Nachbarn und andere arme Menschen ein, in das neue Dorf zu ziehen. Friedliche, wohlhabende und glückliche Zeiten begannen nun am Fuße des Hügels. Das Dorf wurde als ein Ort höchster Webkunst bekannt. Dabu, Lerou und Hongyinü lebten glücklich über viele, viele Jahre, und wahrscheinlich leben sie noch bis heute in ihrem Brokatbild weiter.

Zu den Hintergründen

Dies ist ein Märchen aus dem Volk der Zhuang, einer der großen ethnischen Minderheiten Chinas, das vor allem in der südchinesischen Provinz Guangxi lebt. Die Zhuang sind die zweitgrößte Volksgruppe nach den Han-Chinesen, ihr gehören etwa 17 Millionen Menschen an. Insgesamt gibt es in China 55 anerkannte Minderheiten. Die Zhuang sind auch bekannt dafür, dass sie Hundefleisch essen, was im Westen immer leichtes Schaudern auslöst.
Das Märchen vom Brokatbild weist eine ganze Reihe von Geschehnissen auf, die auch in europäischen Zaubermärchen in ähnlicher Weise vorkommen. Am Anfang vieler Märchen liegt eine geschlechtermäßig unausgewogene Situation vor. Hier hat eine alleinstehende Mutter drei Söhne: Das Weibliche ist also unterrepräsentiert, aber es fehlt auch die männliche Ergänzung für die Frau. Nach der „Logik“ der Märchen müssen die Söhne hinaus in die Welt gehen bzw. in einen Jenseitsbereich, wo sie einige Herausforderungen zu bewältigen haben. Und am Ende wird es eine Heirat geben, damit Weibliches und Männliches ins Gleichgewicht kommen, was in Form einer

Eheschließung gefeiert wird. Hier klingt also im europäischen Volksmärchen ein Thema an, das auch in der chinesischen Philosophie außerordentlich wichtig ist: das Prinzip von Yin und Yang.
Ähnlich wie in dieser Geschichte kommt es auch im europäischen Märchen häufig vor, dass etwas Wertvolles in eine Parallelwelt entführt wird, beispielsweise von einem Drachen, hier aber von einem starken Wind. Und aus dieser Welt der Geister muss es wiedergeholt werden (vor allem in russischen Märchen ist dieses Motiv sehr verbreitet). Oder ein Mensch ist krank und kann nur geheilt werden, wenn jemand bereit ist, ein Heilmittel aus diesem Jenseits zu holen. In der Sammlung der Gebrüder Grimm ist dieser Märchentyp vor allem in der Geschichte „Das Wasser des Lebens“ repräsentiert. Auch da erkrankt ein Erwachsener schwer und kann nur geheilt werden, wenn aus dem Jenseitsbereich eine Kostbarkeit zurückgeholt wird. Dort hinzugelangen ist nur demjenigen vorbehalten, der mitfühlend genug ist. Im europäischen Märchen wird er oftmals sogar als „Dummling“ dargestellt. Außerdem muss er bereit sein, sich auf das Schicksal einzulassen und mutig in die Jenseitswelt zu gehen, in die Welt der Ahnen, der Verstorbenen bzw. hier der Unsterblichen. Meist sind es die jüngsten der Geschwister, die diese notwendigen Eigenschaften besitzen. Die beiden älteren Brüder oder Schwestern sind Kontrastfiguren, die deutlich machen, wie man nicht sein sollte. Dem „Helden“ oder der „Heldin“ wird dann von Geistern (Zwergen, Hexen) und durch besondere Gaben geholfen, sodass er oder sie alle Herausforderungen fast spielend meistern kann. Diese Helfer können freundlich sein und auch böse, je nachdem, wie man ihnen begegnet. All diese Elemente sind in dem vorliegenden chinesischen Märchen enthalten, so auch in der alten Frau (Hexe) und dem Zauberpferd. Aber es gibt auch Besonderheiten, so enthält die Schilderung der Landschaft, der Häuser und der Tätigkeiten der Menschen Merkmale der Region, aus der das Märchen stammt. Zudem ist für das chinesische Märchen typisch, dass die schöne Frau, die den Jungen begrüßt,

ein rotes Kleid trägt, das Glück und Reichtum verheißt. Interessant ist, dass hier – anders als in den Mythen um die Kulturheroen (siehe die Geschichte „Nü Wa erschafft die Menschheit“ und die Legende vom „Hirtenjungen und der Weberin“) – die unsterblichen Jungfrauen von der irdischen Weberin lernen. Und etwas Besonderes, für uns sogar Verblüffendes, ist auch, dass der jüngste Sohn zwar die Kostbarkeit aus dem Jenseits zurückholt und die Mutter damit heilt, aber zunächst ohne die Braut zurückkehrt, die er dort getroffen hat. Es ist eine schöne Wendung der Geschichte, dass die Braut dann aus dem gewebten Bild hervortritt und sich dieses in eine reale, glückselige Welt verwandelt.

Insgesamt gibt es also in dieser chinesischen Erzählung sehr viele Ähnlichkeiten zu Motiven, die auch in westeuropäischen und russischen Märchen vorkommen. Die Märchenforschung hat schon früh festgestellt, dass Geschichten auf den verschiedenen Kontinenten in erstaunlicher Parallelität erzählt wurden. Über die Gründe dafür hat man lange gerätselt und gestritten. Einerseits geht man davon aus, dass viele Geschichten schon vor langer, langer Zeit tatsächlich um die Welt „gewandert“ sind: von Mund zu Mund, von Ort zu Ort, von Land zu Land. Dabei wurden sie freilich der Umgebung angepasst und haben jeweils Lokalkolorit erhalten. Es kann also durchaus sein, dass Elemente der vorliegenden Geschichte (oder anderer ähnlicher) vielleicht von China über Kleinasien bis nach Europa gekommen sind, oder aber auch in umgekehrter Richtung Verbreitung fanden. Für manche Ähnlichkeiten, etwa zwischen den Märchen in Europa und in Südamerika, ist die Wandertheorie aber unwahrscheinlich, sodass man annehmen kann, dass sich manche Geschichten deshalb ähneln, weil sie einer bestimmten Entwicklungsstufe der Völker und den damit verbundenen Vorstellungen entsprechen. So lässt sich nachweisen, dass in vielen Märchen Initiationsriten anklingen, wie sie für Jägerkulturen typisch sind. So gesehen ist also an beiden Erklärungsmustern etwas dran.

DIE FÜNF SCHWESTERN

Wie fünf Mädchen verstoßen werden, sich verirren und beinahe umkommen, wie sie sich zu helfen wissen und sich letztlich alles zum Guten wendet

In der nordchinesischen Provinz Gansu, sie grenzt an die innere Mongolei, lebte in einem kleinen Dorf eine verwitwete Bäuerin mit ihren fünf Töchtern. Die Mädchen waren zwischen acht und fünfzehn Jahre alt und hatten alle ausgefallene Namen bekommen: Die älteste Tochter hieß "Brosche", die zweite hieß "Armreif", die dritte "Fingerring", die vierte "Ohrring" und die fünfte "Schmuckschatulle". Da die Witwe nicht imstande war, ihre Kinder alleine aufzuziehen, heiratete sie erneut. Ihr zweiter Mann war jedoch sehr geizig und selbstsüchtig. Ihm ging es gegen den Strich, Geld für seine Stieftöchter auszugeben. Weder kaufte er ihnen anständige Kleidung, noch gönnte er ihnen etwas anderes außer dem Allernötigsten an Nahrung. Sie erhielten meist nur eine dünne Reissuppe mit altem Gemüse und dazu dünnen Tee, nie wurden sie davon ganz satt. Stets mussten sie in abgetragenen, durchlöcherten Röcken und Schürzen umherlaufen. Nicht einmal zum Neujahrsfest gönnte der Stiefvater ihnen ein neues Kleidungsstück oder etwas Besonderes zum Essen, wie frisches Brot und Früchte, etwas Butter oder Honig.

Eines Morgens sprach der Geizhals zu seiner Frau: „Heute komme ich später nach Hause. Mach mir fünf knusprige Pfannkuchen zum Abendbrot, ich werde besonders hungrig sein." Als sie sich daran machte, seinen Wunsch zu erfüllen, kamen die Töchter dazu, und der Geruch der Pfannkuchen ließ sie ihren Hunger spüren. Flehentlich baten sie die Mutter, ihnen doch ein Stückchen zu überlassen. Gutherzig, wie die Mutter war, überließ sie ihren Mädchen Stück für Stück, bis nur noch ein halber Pfannkuchen übrig war. Als der Mann abends nach Hause kam und nur noch den traurigen Rest in der Pfanne sah, lief er vor Wut rot an. Er schlang das Stück wortlos hinunter, fasste aber nachts einen bösen Plan.

Am nächsten Morgen stand er früh auf, legte eine Axt, ein paar Seile, eine Waschkelle und ein getrocknetes Ziegenfell in seinen Rückenkorb und sagte mit übertriebener Freundlichkeit zu den fünf Mädchen: „Kinder, heute gehe ich in den Bergwald zum Holzfällen. Dort gibt es Wildfrüchte, Wildblumen und bunte Schmetterlinge. Habt ihr Lust, mich zu begleiten?" Die Mädchen waren überglücklich und machten sich eilig bereit: Brosche nahm ein Körbchen für Wildfrüchte, Armband eine kleine Hacke, um Pfingstrosen auszugraben, Fingerring nahm ein Schäufelchen mit, um Matsutake-Pilze von den Bäumen zu kratzen, Ohrring einen Korb, um andere Pilze zu sammeln und Schmuckschatulle eine Sichel, um frisches Gras zu mähen. Und Blümchen, ihr kleiner Hund, durfte auch mitkommen.

Nach stundenlanger Wanderung über Berg und Tal mit neunundneunzig Abzweigungen gelangten sie endlich ans Ziel, den Bergwald beim Bärenberg. Der Stiefvater führte sie zu einem hohen, dicken Baum am Waldrand. „Kinder, geht jetzt zusammen in den Wald und sammelt, was ihr könnt. Ich fälle diesen Baum hier. Das dauert bestimmt eine ganze Weile. Ihr werdet stets meine Axt hören, wenn ich Kerben in den Baum schlage. Wenn ihr keine Axtschläge mehr hört, kommt eilig hierher zurück. Dann gehen wir gemeinsam nach Hause." So sprach der hinterlistige Stiefvater zu den Mädchen. Diese gingen fröhlich in den Wald und waren gleich von der schönen Umgebung entzückt. Es war hier völlig anders als in ihrem Dorf: Die Bäume trugen die unterschiedlichsten Wildfrüchte, über ihren Köpfen zwitscherten Waldvögel und unter ihren Füßen wuchsen saftig grüne Gräser. Die fünf Mädchen machten sich daran, zu sammeln, was sie sich vorgenommen hatten, und bald hatten die beiden ältesten ihren Rückenkorb mit Wildfrüchten gefüllt und mehrere Pfingstrosen ausgegraben. „Lasst uns zurückgehen", verlangten sie. „Wir können aber Vaters Axt immer noch hören, er ist noch bei der Arbeit", antworteten die anderen drei Schwestern und suchten weiter, bis sie genug Matsutake gesammelt und und die Körbe von Fingerring und Ohrring mit Pilzen voll gefüllt hatten. „Jetzt müssen wir wirklich zurück, es wird bald finster", sagten die beiden Ältesten. „Aber mein Körbchen ist noch fast leer", jammerte die Jüngste, den Tränen nahe. So halfen ihr die größeren Schwestern bereitwillig, Gras zu rupfen und als auch Schmuckschatulle mit ihrer Ernte zufrieden war, ging gerade die Sonne unter. Die Vögel hörten auf zu singen und kehrten in ihre Nester zurück, und die Dämmerung sank über den Wald nieder.

Eilig machten sich die Mädchen nun auf den Rückweg, der nächtliche Bergwind pfiff ihnen um die Ohren. Es klang wie Wolfsgeheul und jagte ihnen einen gehörigen Schrecken ein. Die Älteste versuchte, ihre ängstlichen Schwestern zu beruhigen: „Ihr braucht euch nicht zu fürchten, seid schön still und horcht in den Wald, damit wir hören können, woher die Axtschläge kommen." Tatsächlich konnten sie, nun schon etwas deutlicher, das unverkennbare Geräusch der Axtschläge hören. „Vater ist dort hinten, er macht sich bestimmt schon große Sorgen, wir müssen uns beeilen", rief sie den andern zu. Die Mädchen tasteten sich, Hand in Hand, den Weg im dunkeln Wald voran und gingen dem Geräusch entgegen, bis sie endlich den Waldrand erreichten. Die Axtschläge waren jetzt klar und deutlich zu vernehmen.

Doch als sie nach ihrem Vater riefen, bekamen sie keine Antwort, sie hörten nur den Widerhall ihrer eigenen Stimmen. Im Mondschein erkannten sie jetzt auch den dicken Baum wieder. Der Baum stand jedoch unversehrt da, ohne eine einzige Kerbe. Das wunderte sie sehr. Doch als sie nach oben schauten, entdeckten sie hoch im Baum die getrocknete Ziegenhaut, die an vier Ecken befestigt war, gespannt wie ein Trommelfell. Daneben hing die Waschkelle, die vom Wind bewegt wurde und immer wieder gegen das „Trommelfell" schlug und so die Axtschläge vortäuschte.

Nun wurde es den Mädchen mit einem Male klar, dass es von Beginn an die Absicht ihres Stiefvaters gewesen war, sie auf heimtückische Weise loszuwerden, denn alleine, und dazu noch im Dunkeln, war es ihnen unmöglich, den Weg nach Hause zu finden. Zudem spürten sie jetzt, wie erschöpft, hungrig und durstig sie waren. So liefen sie wieder zurück in den Wald, bis sie plötzlich zwischen den Bäumen ein schwaches Licht erblickten. Das gab den Mädchen neue Hoffnung. „Wo ein Licht ist, gibt es bestimmt auch Menschen, die uns Unterschlupf gewähren. Und morgen finden wir dann gemeinsam den Rückweg", trösteten sie einander. Hoffnungsfroh gingen sie auf den schwachen Lichtschein zu. Aber Blümchen, der kleine Hund, wollte sie nicht gehen lassen, er stellte sich ihnen in den Weg und bellte wie verrückt. Als sie ihn beruhigen und weitergehen wollten, bellte er noch lauter, als ob er sie am Weiterkommen hindern wollte. Daher nahm ihn die Älteste kurzerhand auf den Arm, wo er unaufhörlich winselte. Der Lichtschein führte sie schließlich zu einer Grotte, vor der eine alte, spindeldürre Frau saß. Als sie die Mädchen erblickte, erschrak sie und erhob sich: „Meine Kinder, woher kommt ihr? Wie habt ihr in der tiefen Nacht ausgerechnet diesen Ort gefunden?" – „Großmütterchen, wir waren im Wald auf Nahrungssuche, haben uns dabei verlaufen und konnten nicht mehr nach Hause finden", antworteten die Mädchen. Sie baten die alte Frau, die Nacht bei ihr verbringen zu dürfen. „Ach", seufzte die alte Frau, „wisst ihr denn nicht, wo ihr euch befindet? Dieser Berg heißt Bärenberg und diese Grotte Bärengrotte, weil hier der menschenfressende, grausame Grimmbär lebt. Nur weil ich bloß noch Haut und Knochen bin, lässt er mich am Leben. Ich muss ihn bedienen und sein Bett richten. Seht ihr diese Knochenberge? Das Ungeheuer frisst alle Lebewesen, auf die es trifft, aber besonders gern frisst es Menschen. Bald kommt er zurück. Ihr müsst schnell weg hier!" – „Könnt Ihr uns denn nicht helfen? Wir wissen uns keinen Rat und sind verloren!" Die Alte überlegte kurz: „Ihr könnt versuchen, euch in den fünf großen Krügen dort zu verstecken. Anderes weiß ich euch nicht zu raten." Die Mädchen schlüpften nun eine nach der anderen geschwind in die Krüge, die an der hinteren Grottenwand standen. Kaum waren sie alle in ihrem Versteck, fingen die Bäume vor der Höhle an zu rauschen, und ein böses Knurren und Brummen kündigte den fürchterlichen Grimmbären an. Zähnefletschend trat er in die Grotte und schnupperte in der Luft: „Hier riecht es merkwürdig, es riecht nach Fremden!" Sogleich durchsuchte er die Grotte, und als er seine Pranke auf den ersten Krug legte, stürmte Blümchen hinter dem Herd hervor, kläffte ihn laut an und biss ihn kräftig ins Bein. Das Ungeheuer heulte auf, packte den Hund und warf

ihn in einen Käfig: „Dich fress ich morgen zum Frühstück! Jetzt will ich schlafen. Los, Alte, bereite mir gleich mein Bett!" Dieser war indes eine listige Idee gekommen, wie sie die Mädchen retten könnte, daher sprach sie betont arglos: „Ach, heute bläst ein kalter Nachtwind, auf dem Boden wirst du leicht frieren, leg dich doch lieber in den großen Wok, wie du das im Winter tust, da wird dir bedeutend wohler und wärmer sein."
Der Grimmbär knurrte zustimmend, ließ sich in den noch warmen Wok fallen, gähnte und fing schon bald an, fürchterlich zu schnarchen. Da half die Alte den Mädchen aus den Krügen. Die beiden Ältesten schlichen auf Zehenspitzen zum Herd und legten sorgfältig den Deckel auf den Wok. Dann schleppten sie große Steinblöcke herbei und legten sie darauf. Kaum war das geschehen, entfachte die Alte das Feuer unter dem Herd aufs Neue. Gedämpft erklang die Bärenstimme aus dem Wok: „Warum ist mir so warm? Hier wird es teuflisch heiß!" Als sich der Deckel zu regen begann und die Steine herunterzufallen drohten, sprangen die Mädchen obendrauf und die Alte schürte das Feuer umso kräftiger. Bald wurde es ruhig unter dem Deckel, übelriechender Dampf stieg ihnen in die Nase. Die Mädchen umarmten einander und dankten der alten Frau für die geglückte Rettung. Als die Alte von den bösen Absichten des Stiefvaters hörte, hatte sie Mitleid mit den Mädchen und schlug ihnen vor, bei ihr zu bleiben und ihr zu helfen, Wildfrüchte und Kräuter zu sammeln sowie Getreide anzubauen. Gerne nahmen die Mädchen das Angebot an. Und schon am folgenden Tag begannen sie gemeinsam, ihr neues Zuhause aufzubauen. Zuerst nutzten sie noch die Vorräte des Grimmbären, aber dann mussten sie sich selbst ernähren.
Im ersten Jahr bereiteten sie den Ackerboden vor, bauten Getreide und Gemüse an und pflanzten Fruchtbäume. Sie pressten feines Öl aus geröstetem Sesam und kelterten Wein

aus gefrorenen Wildfrüchten. Sie fingen im Bach Fische und fällten Bambus, um ein wohnliches Haus und Bewässerungskanäle zu bauen. Da nach einiger Zeit wieder Wildtiere wie Fasane, Enten, Wildgänse, Wildschweine und Ziegen in die Gegend zurückkehrten, lernten sie im zweiten Jahr, Fallen zu stellen und die gefangenen Tiere zu zähmen und zu halten. Im dritten Jahr begannen sie Seidenraupen zu züchten, die sie mit Maulbeerblättern fütterten. Sie wickelten aus den Kokons Seidenfäden und gewannen so vielerlei Seidenzwirn. Daraus woben sie bunte Stoffe und nähten sich wunderschöne Kleider. Nun mangelte es ihnen an nichts mehr.

Allerdings hatten die fünf Mädchen manchmal große Sehnsucht nach ihrer Mutter. Wie es ihr wohl erging, fragten sie sich immer öfter. Als die Pfirsichbäume vor ihrem neuen Haus wieder in voller Blüte standen, entschlossen sie sich, ihrer Mutter ein Lebenszeichen zu schicken. Die älteste Tochter nahm ihre Brosche, die zweite ihr Armband, die dritte ihren Fingerring, die vierte ihren Ohrring. Sie legten die vier Schmuckstücke mit einer Handvoll Getreidekörner und einigen Rollen Seidenzwirn in die Schmuckschatulle der Jüngsten. Dann riefen sie ihren Hund Blümchen zu sich, banden ihm die Schatulle mit Seidenschnüren auf den Rücken und trugen ihm auf, nach Hause zu laufen. Das Schicksal wollte es, dass in diesem Frühjahr ihr Heimatdorf von einer besonders schlimmen Dürre heimgesucht wurde. Bäche und Teiche trockneten aus, zahlreiche Pflanzen und ganze Getreidefelder verdorrten. Deshalb war die Mutter in großer Sorge, und der anhaltende Kummer über die verlorenen Töchter machte ihre Traurigkeit an diesem hellen Frühlingstag noch größer. Wie überrascht war sie da, als plötzlich der verloren geglaubte Hund schwanzwedelnd auf sie zusprang! Das Herz schlug ihr bis zum Hals, als sie mit zitternden Händen die Schatulle öffnete und ihre Freude war grenzenlos, als sie den Inhalt erblickte: Die bronzene Brosche, das Armband aus Jade, den goldenen Fingerring, den silberne Ohrring, die Schmuckschatulle, alles, was sie ihren Töchtern als Glücksbringer mitgegeben hatte, lag vor ihren Augen. Das konnte nur bedeuten, dass alle fünf Mädchen am Leben und wohlauf waren! Überwältigt von so großem Glück, vergoss sie ausgiebig Freudentränen. Dann aber fasste sie sich und wies den Hund an: „Blümchen, führe uns gleich dahin, wo du hergekommen bist!" Und so lief der kleine Hund hurtig voraus und führte sie und ihren reuigen Mann über Berg und Tal, an neunundneunzig Abzweigungen vorbei durch den Wald zum Bärenberg, bis sie vor einem solide gebauten Bambushaus standen. Auf der Wiese davor liefen Hühner, Enten, Gänse, Ziegen und Schweine herum. Überall blühten Blumen und es duftete nach Früchten. Während Blümchen laut bellte, traten die fünf groß gewordenen Mädchen aus dem Haus, rannten auf ihre Mutter zu und schlossen sie schluchzend in ihre Arme. Der Stiefvater stand verlegen etwas abseits. Er schämte sich für seine vor Jahren begangene Untat, hatte sie schon oft bereut und bat die Fünf jetzt demütig um Vergebung. Die Mädchen tischten sogleich reichlich Vorräte auf, die sie in den vergangenen drei Jahren mit ihrer Hände Arbeit erwirtschaftet hatten. Und dass sie ihrer Mutter und dem Stiefvater auch einen hohen Stapel knuspriger Pfannkuchen servierten, konnte als schöne Versöhnungsgeste betrachtet werden und wurde auch so verstanden.

Zu den Hintergründen

Auch dieses Märchen trägt etliche Züge, die auch im europäischen Volksmärchen vorkommen. Deutsche Leser fühlen sich vermutlich an Hänsel und Gretel erinnert, wenn der Vater die Kinder im Wald aussetzt, und später die Verirrten den bösen Grimmbären im Wok verbrennen. Danach allerdings beginnt eine deutlich andere Geschichte, als sich die tüchtigen Mädchen gemeinsam mit der alten Frau aus eigener Kraft im Wald ein neues, landwirtschaftlich geprägtes Leben aufbauen, unterschiedliche handwerkliche Fähigkeiten ausbilden und dabei erfolgreich und glücklich sind. Es mag sein, dass das ursprüngliche Märchen in späterer Zeit, etwa im Umfeld der Kulturrevolution, diesen etwas anderen Schluss erhalten hat.

DIE ORCHIDEE

Wie der Kräutersammler Li Shu auf einem Berg eine Zauberblume für seine Zwillingstöchter findet, diese aber nur der einen Glück bringt

Am Fuß des Orchideenberges lebte einst ein Mann namens Li Shu. Er beschäftigte sich damit, Heilkräuter zu sammeln. Seine Frau hieß Li Shen, sie bestellte den Acker. Sie hatten Zwillingstöchter, von denen die eine Dalan hieß, was soviel bedeutet wie „Große Orchidee", die andere hieß Xiaolan, die „Kleine Orchidee". Es hieß, dass weit oben auf dem Berg, an dessen Fuß die Familie wohnte, ein Einsiedler mit seinen Tieren lebte, der seltene Blumen züchtete. Angeblich war es ihm gelungen, eine Orchidee mit magischer Kraft zu kultivieren: Demjenigen, der sie besaß, brachte sie großes Glück, jedenfalls dann, wenn er fleißig, mutig und aufrichtig war. Aber niemand hatte diese Orchidee je zu Gesicht bekommen, und auch dem legendären Mann war keiner jemals begegnet.

Die Eltern der Zwillingstöchter kannten diese Sage und oft träumten sie davon, die geheimnisvolle Blume zu finden. Deshalb hatten sie auch ihre Töchter nach ihr benannt. Die beiden Schwestern ähnelten einander wie ein Ei dem anderen, manchmal konnten sie sogar ihre Eltern kaum voneinander unterscheiden. Sie waren beide sehr hübsch und hoch ge-

wachsen. Ihr Charakter allerdings war sehr unterschiedlich: Während Große Orchidee habgierig, selbstsüchtig, faul, dumm und unehrlich war, war Kleine Orchidee fleißig, pflichtbewusst, großzügig, klug und aufrichtig. Kleine Orchidee half ihren Eltern, wo sie konnte, sowohl im Haushalt als auch bei der Feldarbeit, während Große Orchidee sich nur dafür interessierte, wie sie sich noch schöner machen konnte. Ständig lag sie ihrem Vater in den Ohren, dass er ihr mit dem Erlös aus dem Verkauf von Kräutern schöne Kleidung oder Süßigkeiten kaufen sollte. Sie war ein verwöhntes Kind.
Eines Tages saß die ganze Familie beim Frühstück, da fragte Dalan: „Vater, man redet immer wieder von der sagenumwobenen Orchidee. Hast du sie jemals gesehen?" – „Nein, niemals", antwortete er, „sie wächst vermutlich nur auf dem Gipfel des Berges." – „Und warum steigst du beim Kräutersammeln nicht auf den Gipfel?", fragte Dalan. „Der Gipfel ist so steil, dass auch eine Ziege ihn nicht erklimmen könnte. Manch einer hat es schon versucht und ist dabei ums Leben gekommen." – "Aber ich will diese Orchidee haben", rief Dalan aus. Da lachte der Vater: „Mein Dummerchen, das alles ist nur ein Gerücht. Ob es die Zauberblume wirklich gibt, weiß niemand." - „Das ist mir egal", sagte seine Tochter, „ich muss diese Blume unbedingt haben." – „Na gut", lenkte der Vater ein, „ich werde nach ihr Ausschau halten." Dann nahm er einen Rückenkorb und einen Pickel und machte sich auf den Weg. Die Mutter bat Dalan, aus der Küche noch Proviant für den Vater zu holen. Aber diese antwortete: „Lass das Xiaolan machen. Ihr habt mich zu früh geweckt. Ich bin nicht ausgeschlafen und noch sehr müde. Ich muss wieder ins Bett." Kaum hatte sie zu Ende gesprochen, brachte Xiaolan schon die Wegzehrung und sagte: „Vater, pass gut auf dich auf! Geh nicht an Stellen, die zu steil sind!" – „Ich weiß, mein liebes Kind, ich werde achtgeben. Aber wie ist es

mit dir, begehrst auch du die Orchidee?" – „Nein, Vater, mir ist nur wichtig, dass du wieder heil und gesund nach Hause kommst." Da musste die Mutter tief seufzen: „Beide Töchter sind von mir geboren, sie sehen gleich aus und sind doch so verschieden."
Der Vater stieg also den Berg hinauf und sammelte Kräuter. Als er den Korb auf seinem Rücken schon beinahe zur Gänze gefüllt hatte, erblickte er plötzlich über sich auf einem hohen Felsen eine besonders schöne Blume. „Ist das vielleicht die sagenumwobene Orchidee?", dachte er. Lange betrachtete er den steil aufragenden Felsen und entdeckte einen schmalen Pfad, auf dem er es wagen wollte hinaufzuklettern. Als er die schöne Blume schon fast erreicht hatte, löste sich ein Stein unter seinem Fuß, und mit einem lauten Schrei stürzte er ab. Zum Glück blieb er mit seinem Korb an einer Baumwurzel hängen, wo er nun hilflos zwischen Himmel und Abgrund baumelte. Sein Schrei aber hallte in den Bergen wider und drang bis zu dem legendären Einsiedler vor. Dieser stieg rasch vom Gipfel herab und befreite Li Shu aus seiner gefährlichen Lage. „Guter Mann, Ihr habt mich gerettet", sagte dieser, „wie kann ich Euch jemals danken?" – „Ach, nicht der Rede wert", sagte der Mann, „jeder anständige Mensch hätte so gehandelt." – „Aber darf ich zumindest wissen", sagte der Vater, „wie Ihr heißt und was Ihr hier oben treibt?" Der Mann lächelte: „Ich heiße Ma Lang, bin ein einfacher Mensch und lebe mit meinen Tieren auf diesem Berg. Aber warum seid Ihr auf diesen gefährlichen Felsen gestiegen?" – „Ich habe meiner Tochter versprochen, ihr eine Orchidee mitzubringen. Vorhin sah ich auf dem Felsen eine besonders schöne Blume und habe versucht, sie für meine Tochter zu pflücken." – „Ach", sagte der Mann, „ich glaube, ich sah sie schon oft vom Berge aus, ein junges fleißiges Mädchen, das schon früh die Wäsche am Bach

wäscht oder auf dem Feld arbeitet und so schön singt wie ein Vogel. Ist das Eure Tochter?" - „Ja, das ist eine meiner beiden Töchter, ich habe zwei, sie sind Zwillinge." – „Eure Tochter mag ich sehr, gern würde ich um ihre Hand bitten, wenn sie noch nicht verheiratet ist und meine bescheidene Lebenssituation nicht verabscheut." Mit diesen Worten überreichte der Mann dem Vater eine Blume: „Könntet Ihr Eurer Tochter diese Blume als Ausdruck meiner Liebe überreichen?" Ma Lang errötete bei diesen Worten ein wenig. Li Shu nahm die schöne Pflanze erfreut in Empfang, denn er fühlte große Dankbarkeit und Zuneigung zu dem hilfsbereiten und bescheidenen Mann und hoffte, eine seiner beiden Töchter mit ihm verheiraten zu können. „Lieber Mann, macht Euch bitte keine Sorgen! Ich verspreche Euch, dass ich mein Bestes tun werde", sagte er freudestrahlend.

Zu Hause angekommen, zeigte Li Shu seinen Lieben die wunderschöne Pflanze. Dalan nahm sie dem Vater sogleich aus der Hand: „Ich habe sie bestellt, sie gehört mir und sonst niemandem." Als der Vater aber von seinen Erlebnissen und seinem Versprechen erzählte, reagierte Dalan heftig: „Was, nur wegen dieser einfachen Pflanze soll ich mit einem armen Mann vom Berg verheiratet werden? Wenn ich heirate, dann muss es ein reicher Mann sein!" Und sie warf ihrem Vater die Orchidee vor die Füße. Da kam Xiaolan herbei: „Vater, gräme dich nicht. Die Orchidee ist wunderschön, sie gefällt mir. Und da Ma Lang dich gerettet hat und ein fleißiger, mutiger Mann ist, bin ich gern bereit ihn zu heiraten."

Am nächsten Tag schon kam Ma Lang von seinem Berg herab, und es wurde eine wunderschöne, wenn auch bescheidene Hochzeit gefeiert. Die Nachbarn wurden zu Wein, gutem Essen und Früchten eingeladen. Der Bräutigam und die anderen Gäste warteten im Wohnzimmer, bis schließlich die Braut

von der Schwester und ihrer Mutter hereingeführt wurde. Ihr Kopf war zur Gänze mit einem roten Tuch bedeckt und sie konnte nichts sehen. Als die Hochzeitsmusik erklang, ging Ma Lang auf Kleine Orchidee zu und hob mit einem Stäbchen vorsichtig das Tuch von ihrem Gesicht. Er hielt inne und war hingerissen von ihrer strahlenden Schönheit, die den ganzen Raum mit ihrem Glanz zu erhellen schien. Das Brautpaar verneigte sich dreimal. Beim ersten Mal verbeugten sie sich vor Himmel und Erde, die zweite Verbeugung galt den Eltern und beim dritten Mal verbeugten sie sich voreinander. Dann begann das Festessen. Die Gäste wünschten dem Brautpaar ein harmonisches Zusammenleben bis ins hohe Alter. Nach dem Fest verabschiedete sich das Paar und ging in Richtung des Berges davon.
Unterwegs zeigte Ma Lang auf die Orchidee, die Xiaolan in ihr Haar gesteckt hatte, und sagte: „Es freut mich, dass dir diese Blume gefällt! Ob es sich jedoch um die sagenumwobene Orchidee handelt, die ihrem Besitzer jeden Wunsch erfüllt, weiß ich nicht. Wir können es aber gerne versuchen. Du denkst dir einen Wunsch aus, dann sehen wir, ob er sich erfüllt. Dazu musst du erst noch einen geheimen Spruch auswendig lernen." Und er flüsterte ihr den Spruch ins Ohr. Xiaolan lachte herzhaft und ihre Stimme klang hell und klar wie ein goldenes Glöckchen. Sie nahm die geheimnisvolle Blume in die Hand und murmelte den Spruch nach:

„Orchidee, Orchidee,
Wind und Sturm tun dir nicht weh,
hab keine Scheu,
erblühe neu!"

Kaum hatte sie zu Ende gesprochen, da weitete sich vor ihnen, wie durch ein Wunder, der schmale Pfad zu einem gut ausgebauten Weg, der bis auf den Berggipfel führte. Xiaolan war sehr erstaunt: „Genau das habe ich mir gerade gewünscht, als ich die Blume in der Hand hielt! Dass nämlich ein neuer, gangbarer Weg auf den Berg entsteht, damit mein Vater und andere Kräutersammler und Holzfäller sicher auf den Berg gelangen können, und keiner mehr in den Abgrund stürzt." Da lachte Ma Lang: „Weil du ein fleißiger und aufrichtiger Mensch bist, hat der magische Spruch gewirkt. Aber die wundersame Orchidee darf man nicht missbrauchen, sonst versagt sie."

Nun kamen die beiden auf dem neuen Weg gut voran. Die Landschaft zu beiden Seiten war wunderschön. Sie gingen an einem See vorbei, dessen Wasser klar wie Kristall war. Sie gingen auch durch einen großen Wald, in dem die Vögel jubilierten. Nach einigen Stunden erreichten sie den Gipfel. Hier sah Xiaolan ein bescheidenes, aber sehr sauberes und schönes Haus. Drinnen war alles für den täglichen Bedarf vorhanden. Und rings um das Haus blühten unzählige schöne Blumen und viele Tiere sprangen auf den Wiesen umher. Xiaolan fühlte sich sofort zu Hause.

Das junge Ehepaar führte ein glückliches und zufriedenes Leben. Die Zeit verging wie im Fluge. Bald schon war ein Jahr seit ihrer Hochzeit vergangen, und entsprechend der Sitte wollte Xiaolan nun ihre Eltern besuchen und einige Tage bei ihnen bleiben. Ma Lang begleitete seine geliebte Frau zu ihrem Elternhaus. Als Li Shu und Li Shen ihre Tochter nach so langer Zeit zum ersten Mal wiedersahen, umarmten sie Xiaolan mit freudig pochendem Herzen. Dalan aber, die immer noch ledig war, meinte spöttisch: „Meine liebe Schwester. Du hast dich wohl mit einem wirklich reichen Mann verheiratet, da ihr unsere Eltern mit so leeren Händen besuchen kommt!" Xiaolan verstand den Vorwurf nur zu gut. Aber sie erwiderte ruhig: „Meine liebe Schwester. Wir sind zwar nicht reich, aber es fehlt uns auch an nichts. Und selbstverständlich haben wir Geschenke für die Eltern vorbereitet. Bloß haben wir uns das Tragen der schweren Last ersparen wollen." Schnell holte sie die Orchidee von ihrem Kopf, murmelte leise den Zauberspruch und setzte die Zauberblume zum zweiten Mal nach ihrer Hochzeit ein. Sogleich standen auf dem Tisch einige Geschenke, alles praktische Sachen für den täglichen Bedarf: Lebensmittel, Seidenstoffe, neue Kleider, Werkzeug und einiges mehr. Dalan machte große Augen: „Ist das also die wundersame Orchidee? Xiaolan, wie bist du an sie gelangt?", wollte sie wissen. „Hast du das vergessen? Damals hat Vater sie von Ma Lang geschenkt bekommen und nach Hause gebracht. Du aber hast sie abgelehnt," antwortete Xiaolan. Da erkannte Dalan, was sie leichtfertig verschenkt hatte, und als sie wieder allein in ihrem Zimmer war, zeterte sie: „Die Orchidee war für mich bestimmt, der Reichtum, den sie bringt, gehört eigentlich mir. Wie dumm ich war, dass ich sie Xiaolan überlassen habe!" Und sie schmiedete einen finsteren Plan.

Am folgenden Tag verabschiedete sich Ma Lang von seiner Frau, seinen Schwiegereltern und seiner Schwägerin, weil er wieder seine Tiere füttern und für die Blumen sorgen musste. „Xiaolan, komm du nach drei Tagen wieder zu mir, ich werde dir auf halbem Wege entgegenkommen und am Waldrand auf dich warten." Die drei Tage gingen schnell vorüber. Als Xiaolan sich von ihren Eltern und ihrer Schwester verabschiedete, bot Dalan an, ihre Schwester zu begleiten. Obwohl Xiaolan meinte, dass das nicht nötig sei und Dalan lieber zu Hause bleiben solle, um den Eltern zu helfen, bestand Dalan darauf, mitzugehen. Also machten sie sich gemeinsam auf den Weg. Unterwegs zeigte Xiaolan ihrer Schwester die schöne Landschaft, und nach einigen Stunden hatten sie den kristallklaren See erreicht. „Schwester, ich bin schon ziemlich müde, können wir hier ein wenig rasten?", schlug Dalan vor. Xiaolan stimmte zu, und die beiden setzten sich auf einen großen Stein am Ufer des Sees und ruhten sich aus. „Xiaolan, schau doch, wie schön dein Spiegelbild im Wasser ist, mit der Orchidee im Haar", sagte Dalan, „darf ich sie auch einmal tragen und mich damit im Wasser betrachten?" Ohne jeglichen Argwohn überreichte Xiaolan ihrer Schwester die Blume. Kaum hatte sie den kostbaren Schatz in ihr Haar gesteckt, gab sie ihrer Schwester einen Stoß, sodass diese in den See stürzte und in den Fluten des Wassers versank. Ohne sich noch einmal umzudrehen, ging Dalan nun weiter." Sie wusste, dass sie noch den Zauberspruch herausfinden musste, um die Blume benutzen zu können, doch hoffte sie, diesen Ma Lang entlocken zu können, wenn sie sich als ihre Schwester ausgab. Doch je näher sie dem Wald kam, an dem dieser warten wollte, desto langsamer ging sie und es wurde ihr bang ums Herz: „Was, wenn er merkt, dass ich nicht Xiaolan bin?" Aber dann dachte sie: „Selbst meine Eltern können uns kaum unterscheiden, mir kann gar nichts passieren." Sie raffte sich auf und ging weiter.

Ma Lang freute sich, als er sie sah und umarmte sie herzlich. „Ja, ich bin wieder da", erwiderte Dalan leise. Ma Lang wunderte sich: „Du siehst ganz blass aus. Was ist los? Fehlt dir etwas?" Zudem fiel ihm auf, dass die goldene Stimme seiner Frau heute etwas rauh klang. „Ich habe mich erkältet und habe Halsschmerzen", erklärte Dalan. „Dann solltest du dich nicht weiter anstrengen. Steig auf meinen Rücken, ich trage dich nach Hause. Der lange Weg war für dich bestimmt eine große Strapaze." Und er nahm Dalan auf den Rücken. Nachdem sie zu Hause angekommen waren, legte er Dalan behutsam ins Bett, deckte sie zu und bereitete ihr einen Tee. Dalan tat weiterhin so, als sei sie wirklich krank, und Ma Lang pflegte sie liebevoll. Als Dalan einsah, dass sie nicht noch länger die Kranke spielen konnte, war schon fast eine Woche vergangen. Da stand sie auf und Ma Lang freute sich, dass seine geliebte Frau endlich wieder gesund war. Das wollte er feiern, daher schlug er vor, sie solle mit der Orchidee eine gebratene Ente, eine Flasche Rotwein und eine große Torte herbeizaubern, um ihre Genesung zu feiern. Aber Dalan kannte den Zauberspruch nicht. Sie musste Ma Lang fragen und gab vor, dass er ihr entfallen sei. Sie behauptete, aufgrund ihrer Krankheit sehr vergesslich geworden zu sein. Das erweckte bei Ma Lang erstmals Misstrauen. Zudem stellte er fest, dass sich seine Frau im gemeinsamen Haus gar nicht auskannte. Sie wusste nicht einmal, wo der Reis gelagert war. Um seinen Verdacht zu prüfen, rief er Dalan überraschend bei ihrem richtigen Namen an: „Dalan, komm bitte schnell!" Überrumpelt antwortete Dalan: „Ja, ich komme schon, was gibt's?" Nun wusste Ma Lang, dass nicht seine Frau, sondern deren Schwester vor ihm stand, und er fragte sich, was mit seiner geliebten Xiaolan geschehen war. „Du bist nicht meine Frau", rief er, „rücke besser gleich mit der Wahrheit heraus!" Dalan, die ihre böse Tat bereits bereute, gestand unter Tränen, was geschehen war. Bestürzt nahm er ihr die Zauberblume aus dem Haar und sie eilten zum kristallklaren See. Dort zeigte ihm Dalan die Stelle, an der sie ihre Schwester ins Wasser gestoßen hatte. Ma Lang nahm die Orchidee, sagte leise den Zauberspruch und alsbald tauchte Xiaolan aus dem Wasser auf, schön und gesund wie eh und je. Da war die Freude groß! Xiaolan verzieh ihrer Schwester und diese gelobte, ab nun ein tugendhaftes Leben zu führen. Sie trennten sich, Ma Lan ging mit seiner Frau hinauf zum Gipfel des Orchideenberges, und Dalan stieg hinab zu ihren Eltern, denen sie fortan hilfreich zur Seite stand.

Zu den Hintergründen

In diesem Märchen wohnt Ma Lang, der sich mit den Pflanzen und der Magie gut auskennt, fernab auf einem Berg. Das ist ein daoistisches Motiv. Der Daoismus ist eine religiöse Strömung, die, anders als der aus Indien stammende Buddhismus, in China entstanden ist und vor allem dort verbreitet war. Der Daoismus im weiter gefassten Sinn, die daoistische Philosophie, bietet die geistige Grundlage für eine Weltsicht und Lebensanschauung, wie sie im "Daodejing" (Tao Te King) niedergeschrieben ist, das der historischen Person Laotzes zugeschrieben wird.

Daoismus, Buddhismus und Konfuzianismus bildeten gemeinsam die drei großen geistigen Strömungen Chinas, sie existierten weitgehend parallel und durchdrangen sich zum Teil. Charakteristisch für den Daoismus im engeren Sinne sind zunächst die Vergötterung der ersten großen Daoisten, die Verehrung des Himmels und die daoistische Mystik. In seiner Entwicklungsgeschichte nahm diese Form des Daoismus weitere Elemente auf, wie den Schamanismus, Ahnenkulte, volkstümliche Glaubensvorstellungen, Geheimlehren, aber auch den buddhistischen Gedanken von der Kultivierung des Geistes durch ein einfaches Leben, das auf diesem Wege lange währen und letztlich die Unsterblichkeit erreichen sollte. Der Daoismus hat eine Nähe zu Elementen alten Volksglaubens und daher auch eine enge Beziehung zu den chinesischen Märchen und Legenden. Beide dürften sich wechselseitig beeinflusst haben. Der Daoismus ergänzte gewissermaßen den sehr nüchternen, vernünftigen und weltlichen Konfuzianismus durch eine eher romantische Komponente in ähnlicher Weise, wie die europäische Romantik als eine Antwort auf die Aufklärung gesehen werden kann.

Doch nun noch etwas zu der Hochzeitsszene in diesem Märchen: In ihr wird ein traditionelles Ritual geschildert. Dazu gehörte es, dass die Braut zunächst verschleiert war und, zumindest offiziell, erst am

Hochzeitstag dem Bräutigam präsentiert werden durfte. Die Hochzeiten waren in der Regel durch einen Heiratsvermittler zwischen den Familien arrangiert. Auch die Verneigung vor dem Himmel, den Eltern und voreinander ist traditionell wichtig, denn die neue Ehe ist für den Erhalt des Familienstammes bedeutend und sorgt auch über den Tod hinaus für die Familie (siehe auch die Erläuterungen zur Geschichte „Die roten Bänder des alten Mannes im Mondenschein"). Auch der Besuch der Braut nach einem Jahr ist ein traditioneller Ritus und oft ein kritischer Moment im Eheleben. Freilich gab es in China viele unterschiedliche Hochzeitsriten, China ist ein großes Land, und es ist daher unmöglich, einheitliche Aussagen für alle Provinzen und alle Volksgruppen zu machen.

Im heutigen China werden in den Städten nur noch selten traditionelle Hochzeiten gefeiert, meist stellen die Feierlichkeiten einen Mischmasch aus verschiedenen (auch westlichen) Einflüssen dar. Häufig sind es große Feste mit hunderten von Gästen, die von einer Agentur veranstaltet und von einem Moderator in Szene gesetzt werden. Die Brautleute sind dabei sehr fein herausgeputzt, wobei die Braut oft in der Farbe Weiß und nicht mehr im traditionellen Rot heiratet. Aber es ist auch üblich, dass sich vor allem die Braut während der Prozedur mehrfach umzieht und einmal in Weiß, einmal in Rot erscheint. Der Bräutigam trägt in aller Regel einen dunklen Anzug. Es gibt viel Glitter und Dekoration, und es werden unzählige Fotos von dem Ereignis geschossen. Zur Hochzeit gehört außerdem ein aufwendiges Fotoshooting an wechselnden Orten, das mit professionellen Fotografen vor diversen Sehenswürdigkeiten veranstaltet wird. Das geschieht meist schon vor der Hochzeit. Am Tag der Hochzeit werden diese Fotos dann gezeigt.

So manchen Anklang an frühere Traditionen gibt es bei den modernen Hochzeiten aber dennoch. So wird der Termin oft nach astrologischen Gesichtspunkten, als ein Glückstag, bestimmt. Und zur Zeremonie gehört es auch, dass der Bräutigam seine Braut aus ei-

nem ganz besonders geschmückten Raum abholen muss. Er wird in diesen jedoch erst eingelassen, wenn er genügend „Hong Bao" (rote Umschläge mit Geld) unter der Tür durchschiebt und einige alberne Fragen beantwortet. Auch die Verneigung vor den Eltern gehört in der Regel zum Ritual. Eine Hochzeit ist im heutigen China eine teure Angelegenheit (die zum Teil durch die Hong Baos der Verwandten und Bekannten finanziert wird). Da es in dem Land inzwischen einen deutlichen Männerüberhang gibt, ist es für etliche junge Männer (vor allem auf dem Land) schwierig, überhaupt eine Frau zu finden und eine Hochzeit zu feiern.

XUANZANGS SPRECHENDER HOLZFISCH

Wie ein Mönch nach langer Pilgerreise die wertvollen buddhistischen Schriftrollen erlangt, wieder verliert und die Texte mit etwas Glück am Ende doch noch niederschreiben kann

Auf seiner Pilgerreise nach Indien musste der chinesische Mönch Xuanzang mit seinen drei göttlichen Gefährten den breiten Fluss Tongtianhe überqueren, aber weder hatte er ein Boot, noch war eine Brücke vorhanden. Da tauchte unversehens eine große weiße Schildkröte aus dem Wasser auf, schwamm auf die vier Reisenden zu und bot dem Buddhisten und seinen Gefährten freundlich an, sie über den Fluss zu tragen. Die Pilger setzten sich auf ihren Rücken, und die Schildkröte brachte sie sicher ans andere Ufer. Unterwegs erzählte sie ihnen, dass sie ihr eigenes Alter vergessen habe, und fragte den Mönch, ob er den Buddha bei Gelegenheit danach fragen könne. Xuanzang willigte gerne ein, bedankte sich bei der Schildkröte für die Überfahrt und setzte die Reise mit seinen drei Begleitern fort. Nachdem er in Indien die buddhistischen Sutren für seinen Kaiser erhalten hatte, machte er sich mit seinen Gefährten auf den Rückweg nach China. Dieses Mal hatten sie es aber leichter, weil Xuanzang durch

die Pilgerreise eine magische Fähigkeit erworben hatte, die er nun einsetzen konnte: Wie seine göttlichen Begleiter konnte auch er nun auf Wolken gehen und mit dem Wind fliegen. Als sie aber gerade wieder den Fluss Tongtianhe überqueren wollten, verlor der Mönch unerwartet diese magische Kraft. Der Grund dafür war der Buddha Shakyamuni. Er hatte für die Pilgerfahrt des Mönchs neun mal neun Prüfungen festgelegt, welche dieser und seine Begleiter zu bestehen hatten, wie etwa die Versuchung, in einer Stadt der Frauen als König zu leben oder die Begegnung mit Dämonen, die versuchten, sie aufzuhalten. Da sich der Buddha jedoch um eine Aufgabe verrechnet hatte, waren den Pilgern auf ihrer Reise nur deren achtzig gestellt worden. Ein solcher Rechenfehler konnte die Autorität des Buddha untergraben, deshalb musste er auf dem Rückweg für den Mönch eine zusätzliche Schwierigkeit einbauen, und das war eben der überraschende Verlust der magischen Fähigkeit zu fliegen.

Der Meister und seine Begleiter waren daher wieder auf der Erde angekommen und mussten sich Gedanken darüber machen, wie sie ihre Rückreise nun fortsetzen konnten. Da kam ihnen am Ufer des genannten Flusses wieder dieselbe Schildkröte entgegen. Abermals lud sie die Reisenden ein, auf ihrem Rücken Platz zu nehmen und so den Fluss zu überqueren. Gerne nahmen sie das Angebot an. Xuanzang hatte jedoch vergessen, den Buddha nach dem Alter der Schildkröte zu fragen und konnte ihr daher keine Auskunft geben, als sie dies wissen wollte. Daher wurde die Schildkröte wütend und warf ihre Fahrgäste mitsamt den Sutren in den Fluss. Die Gefährten halfen ihrem Meister, ans Ufer zu schwimmen, keiner kam zu Schaden. Die wertvollen Sutren jedoch wurden von den zahlreichen Fischen verschlungen.

Als Xuanzang wieder in China ankam, war er voller Zorn. Die

Reise von vierzehn Jahren schien umsonst gewesen, er konnte dem Kaiser die gewünschten Schriften nicht bringen. Voll Ärger schnitzte der Mönch aus einem Stück Holz einen Fischkopf. In Erinnerung an den erlittenen Verlust und zur Bestrafung der gierigen Fischmäuler schlug er mit einem Holzhammer heftig auf diesen Fischkopf. Zu seiner Verwunderung öffnete der hölzerne Fisch bei dem Schlag sein Maul und sprach klar und deutlich eine Silbe aus. Wieder schlug der Mönch zu und schon tönte eine zweite Silbe aus dem Fischmaul. Der Mönch erkannte, dass es der Anfang der ersten Sutra war. Von nun an nahm der Mönch, so oft er Zeit fand, den Holzhammer zur Hand und schlug auf den Fischkopf ein, der bei jedem Schlag eine weitere Silbe der Sutren freigab. So konnte er schließlich nach einigen Jahren die verlorenen Schriften, Silbe für Silbe, rekonstruieren.

Zu den Hintergründen

Diese Geschichte erklärt die Tradition, dass sich in jeder buddhistischen Tempelanlage, egal ob groß oder klein, der hier beschriebene rituelle Gegenstand in Form eines Fischkopfs aus Holz (der der Einfachheit halber "Holzfisch" (chinesisch: 木魚 mùyú,) genannt wird), findet. Anders als ein Holzblock ist der Holzfisch teilweise ausgehöhlt und mit einem Schlitz und einer runden Bohrung versehen. Es ist ein Schlaginstrument, das zu den Schlitztrommeln gehört. Der Holzfisch wird in verschiedenen Mahayana-Traditionen des Buddhismus vor allem in China, Japan, Korea und Vietnam als Begleitinstrument bei der Rezitation verwendet. Im Zen- und Chan-Buddhismus wird er auch als Signal zum Beginn und zum Ende einer Meditationseinheit eingesetzt, im Amitabha-Buddhismus als Begleitung zu Amitabha-Gesängen. Zur Entstehung dieses Klanginstrumentes gibt es viele

Legenden, die meisten davon spielen in China. Eine dieser Legenden hat ihren Ursprung in dem erfolgreichsten mythischen Roman der chinesischen Literaturgeschichte, „Die Reise in den Westen". Der Roman erzählt die Geschichte der Pilgerreise des bekannten chinesischen buddhistischen Meisters, des Tang-zeitlichen Mönchs Xuanzang, der im 7. Jahrhundert n. Chr. im Auftrag des Tang-Kaisers buddhistische Schriften, sogenannte Sutren, von Indien nach China bringen sollte. Es werden sämtliche Schwierigkeiten und Hindernisse geschildert, denen der Mönch auf der Pilgerreise begegnet und die er mit Hilfe seiner drei Begleiter überwinden kann. Seine Gefährten, alles unsterbliche Wesen, verfügen über großartige magische Kräfte. Insbesondere der mächtige Affenkönig Sun Wukong, der keinerlei Angst vor Autoritäten hat, die vielgestaltigen Dämonen rasch erkennt und sie mutig sowie trickreich besiegt (siehe die Geschichte „Sun Wukong entlarvt den königlichen Schwiegervater"). Die Schilderung der ganzen Reise kann als Allegorie auf den Prozess der geistigen Vervollkommnung hin zur Erleuchtung und Unsterblichkeit gelesen werden.

SUN WUKONG ENTLARVT DEN „KÖNIGLICHEN SCHWIEGERVATER“

Was der Mönch Xuanzang und seine drei Begleiter in der Stadt Bhiksu beim lüsternen König erleben, und wie es ihnen gelingt, viele Kinder zu retten

Im Auftrag des Tang-Kaisers reisten der Mönch Xuanzang (auch Tripitaka genannt) und seine drei Schüler, Sun Wukong (der Affenkönig), Zhu Bajie (der Eber) und Sha Seng (der Sandmönch), nach Westen zum Buddha, um von diesem eine Kopie buddhistischer Sutren zu bekommen und sie nach China zu bringen. Inzwischen waren die Pilger schon mehrere Jahre unterwegs und hatten zahlreiche fremde Länder und Städte gesehen. Eines Tages gelangten sie auf ihrem Weg zu einer prächtigen Stadt, die von einer hohen Steinmauer umgeben war. Am Stadttor angekommen, ging Sun Wukong auf einen alten Soldaten zu, der das Tor bewachte, um sich nach dem Namen des Ortes zu erkundigen. Der Torwächter erschrak, als er das behaarte Affengesicht vor sich sah. Er warf sich auf die Knie, zitterte am ganzen Körper und bat den Ankömmling, ihn am Leben zu lassen, denn er hielt ihn für den Donnergott, der die bösen Taten bestraft. „Hör auf zu lamentieren und steh auf!“, sagte Wukong. „Wir sind Pilger aus dem Osten, kommen hier vorbei und reisen dann weiter nach dem Westen,

孫悟空怒打假國丈

um buddhistische Schriften zu holen. Ich wollte bloß wissen, wie dieser Ort heißt." Daraufhin war der alte Soldat etwas beruhigt und erzählte dem Affenkönig, dass es sich um die Hauptstadt des Landes mit dem Namen "Bhiksu" handle, was soviel bedeutet wie „buddhistischer Mönch", allerdings habe man die Stadt kürzlich in „Kinderstadt" umbenannt.

Wukong freute sich über die Information und trat mit seinem Meister und den zwei Mitschülern durch das Tor in die Stadt. Dort war viel Betrieb auf den Straßen, Pferde und Wagen drängten sich überall, und auf den Märkten wurden kostbare Waren feilgeboten. Allerdings stellten die Reisenden zu ihrem großen Erstaunen fest, dass vor dem Eingang fast jeden Hauses ein großer, aus Bambus geflochtener Gänsekäfig stand, der mit einem seidenen Tuch zugedeckt war. Xuanzang hielt inne und fragte die anderen, was das wohl zu bedeuten habe. „Vielleicht werden hier lauter Hochzeiten gefeiert und dafür Geschenke aufgebaut," meinte Bajie, der Eber, mit süffisantem Lächeln. Wukong aber meinte: „Irgend etwas stimmt hier nicht. Ich muss den Fall klären!" Er setzte seine Zauberkraft ein und verwandelte sich in eine Biene. Dann flog er zu einem der Käfige und schlüpfte unter das Tuch. Darin saß ein Kind! Er suchte noch mehrere Käfige auf, aber es war überall dasselbe. In jedem saß ein Knabe, manche weinten, andere spielten. Wukong flog zurück, verwandelte sich wieder in den Affen, und der erzählte seinem Meister, was er gesehen hatte. Die Vier konnten sich die Sache nicht erklären, sie erschien ihnen zunehmend verdächtig.

An der nächsten Ecke kamen sie an das Gästehaus „Zum goldenen Pavillon", das speziell für ausländische Gäste da war. Dort kehrten sie ein, froh, eine Unterkunft gefunden zu haben. Im Gästehaus erzählten sie dem Vorsteher von ihrer Mission und gaben ihm ihre Reisedokumente. Xuanzang nutzte die Gelegenheit und fragte nach dem Grund der unzähligen Käfige. Da wich dem Mann jegliche Farbe aus dem Gesicht und er meinte: „Das geht Euch nichts an. Am besten, Ihr kümmert Euch nicht darum!" Der Mönch bohrte aber weiter und schließlich schickte der Beamte seine Helfer aus dem Raum und erzählte mit leiser Stimme folgende Geschichte: „Die Körbe mit den Kindern stehen dort auf Anweisung unseres Königs. Vor drei Jahren kam ein alter Daoist in diese Stadt und führte eine sehr junge Frau mit sich, die er dem Monarchen anbot. Da die junge Dame über alle Maßen schön war, nahm sie der König sofort zur Frau. Und weil ihre Liebeskunst die aller anderen Damen am Hof übertraf, verfiel ihr der König gänzlich und gibt sich seither Tag und Nacht der Lust mit ihr hin. Seine Regierungsgeschäfte vernachlässigt er, und körperlich ist er inzwischen geschwächt und krank. Den Daoisten hat er wegen dieses hübschen 'Mitbringsels' zum 'Königlichen Schwiegervater' ernannt und zu seinem ständigen Berater gemacht. Dieser hat dem König nun ein Elixier versprochen, mit dem er nicht nur seine Gesundheit wiederherstellen kann, sondern das angeblich auch sein Leben auf über tausend Jahre verlängert. Danach ist der König nun ganz verrückt. Aber um die Wirksamkeit der Arznei zu vollenden, benötigt man das Herzblut von 1111 kleinen Kindern. Daher wurden alle Eltern der Stadt aufgefordert, ihre Kinder in Körben vor die Tür zu stellen, damit sie eingesammelt werden können. Und die Eltern wagen aus Angst vor Strafe nicht einmal, darüber zu sprechen. Da die geforderte Zahl noch nicht erreicht ist, lässt der Monarch die bereits gesammelten Kinder vorläufig in ihren Käfigen eingesperrt stehen". Kaum hatte der Vorsteher zu Ende gesprochen, wandte er sich zum Gehen, doch er drehte sich noch einmal um und sagte drohend: „Sprecht das, was ihr von mir gehört habt, niemandem gegenüber an und vor allem nicht, wenn ihr morgen zur Bestätigung eurer Reisedokumente an den Hof zum König geht!“

Xuanzang war erschüttert von dem Gehörten und brachte kein Wort heraus. Ihm pochte das Herz bis zum Hals und sein Körper bebte. Schluchzend presste er hervor: „Was für einen bösen, wollüstigen und dummen König hat dieses Reich! Er scheut nicht davor zurück, viele unschuldige Kinder zu töten! Was sollen wir jetzt tun?” Bajie sagte zu ihm: „Meister, was ist mit dir los? Es kommt mir vor, als ob du einen Sarg nach Hause tragen lässt und die Leiche darin beweinst, obwohl der Tote mit dir überhaupt nicht verwandt ist. Der König tötet Kinder seines Reiches, was kümmerst du dich darum?” Xuanzang erwiderte: „Für uns Gläubige ist die Barmherzigkeit ein hohes Gut. Es geht hier um das Leben von unzähligen Kindern. Wie könnte ich die Tatsache gelassen hinnehmen und mich beruhigen?” Wukong sagte: „Meister, mach dir keine Sorgen. Ich begleite dich morgen zur Audienz bei dem Monarchen. Wir werden dann herausfinden, was wir tun können.” - „Aber wer kann garantieren, dass die Kinder die heutige Nacht überleben werden?”, meinte der Mönch tief besorgt. Der Affenkönig lachte: „Lass das meine Sorge sein.“ Kaum hatte er zu Ende gesprochen, sprang er empor, schlug einen Wolkenpurzelbaum und verschwand in den luftigen Höhen.

In den Wolken angekommen, machte Sun Wukong mit den Fingern ein magisches Zeichen und rief „Om“, woraufhin alle guten Geister der Region sich bei ihm einfanden und fragten, weshalb er gerufen habe. Er erklärte ihnen die Lage und bat sie, gemeinsam alle Kinder aus der Stadt zu entführen und an einen sicheren Ort zu bringen. Schon bald danach erhob sich über der Stadt ein mächtiger Sturm, und es kam so starker Nebel auf, dass man seine Hand nicht mehr vor den Augen erkennen konnte. Inmitten dieser stürmischen Düsternis verschwanden sämtliche Käfige. Kurz danach klarte der Himmel auf und der Mond und die Sterne leuchteten hell. Wukong schwebte auf einer Wolke zurück zum Boden und ging zu seinem Meister. Als Bajie ihn fragte, wo er während des Sturmes gesteckt habe, lachte er: „Das Unwetter war angewandte Magie. Nun sind die Kinder in Sicherheit." Da kniete Xuanzang nieder und sprach immer wieder „Amitabha!", was so viel bedeutet wie „Buddha, bewahre uns!"

Am nächsten Morgen ging Xuanzang zum König. Wukong verwandelte sich in eine winzige Mücke und versteckte sich unter Xuanzangs Kopfbedeckung. In der Audienzhalle erblickten sie den König in halb liegender Position in seinem mit Drachen verzierten Thronbett. Sein Blick war getrübt. Xuanzang grüßte ihn und überreichte ihm das vom Tang-Kaiser erteilte Beglaubigungsschreiben. Der Monarch benötigte eine ganze Weile, um mit zitternder Hand sein königliches Siegel auf die Urkunde zu drücken. Als Xuanzang das Dokument wieder eingesteckt hatte, meldete ein Beamter dem Herrscher die Ankunft des „Königlichen Schwiegervaters". Der König ließ sich von zwei Eunuchen unter die Arme greifen und raffte sich auf, sein Drachenbett zu verlassen, um den Angemeldeten zu begrüßen. Xuanzang blickte zum Eingang der Audienzhalle hinüber und sah, wie ein alter Daoist mit gespreizten Schritten daherkam und sich anmaßend auf das Thronbett des Königs setzte. Er musterte Xuanzang vom Kopf bis zu den Füßen und sagte dann zu dem Monarchen: „Buddhistische Mönche bringen nur Unheil. Eure Hoheit sollte diesen hier so bald wie möglich wegjagen." Xuanzang, von diesen Worten wie vor den Kopf gestoßen, wusste nicht, ob er nun noch bleiben oder sich besser verabschieden sollte. Wukong kroch unter seiner Mütze hervor und flüsterte ihm ins Ohr: „Meister, dieser Daoist ist ein getarnter Dämon. Ich muss hierbleiben und beobachten, was sie nun vorhaben. Geh du ins Gästehaus und ruhe dich aus."

Anschließend flog Wukong als Mücke zum Drachenbett des Königs und setzte sich auf die Rückenlehne, um gut verfolgen zu können, was dort besprochen wurde. In diesem Moment trat ein General, der Kommandant der Hauptstadtgarnison, in den Saal und berichtete dem König, dass alle Käfige mit den Kindern am Vorabend in Sturm und Finsternis spurlos verschwunden seien. Der Herrscher fragte den „Königlichen Schwiegervater" verärgert: „Wie kann so etwas passieren? Ist das ein Zeichen dafür, dass der Himmel mich zugrunde gehen lassen will?" Der Daoist lächelte: „Eure Hoheit brauchen sich keine Sorge zu machen, denn der Himmel schickte uns eine neue Ingredienz. Sie ist noch tausendmal besser als die Herzen der Kinder". Da hellte sich die Miene das Herrschers sofort auf und er fragte, was das denn sei. Da erzählte der Daoist, dass der Mönch, der eben aus der Tür gegangen sei, die zehnte Reinkarnation der Goldzikade, des zweiten Schülers des Buddha, sei. Nähme man sein Herz als Zutat für die Arznei, könne deren Wirksamkeit noch um ein Vielfaches gesteigert werden. „Dann könnt ihr nicht tausend, sondern gar zehntausend Jahre leben!" Der törichte und selbstsüchtige König glaubte das sofort, ließ alle Stadttore verriegeln und das Gästehaus von Truppen umstellen, um den Mönch festnehmen zu lassen. Wukong aber hatte alles mitbekommen und war rasch zurückgeflogen. Im Gästehaus angekommen, verwandelte er sich zurück und erklärte den anderen die neue Lage. Während Xuanzang vor Schreck zu Boden sank, schimpfte Bajie, dass Wukongs Heldentat, die Kinder zu entführen, sie alle in große Gefahr gebracht habe. Der Affenkönig beruhigte den Mönch und versicherte, dass ihm nichts passieren werde. Dann trieb er zur Eile und sagte, sie beide müssten nun die Rollen tauschen. Er werde sich in die Gestalt des Priesters verwandeln, und diesem verpasste er eine Affenmaske. Kaum hatte Wukong dies vollbracht, drang auch schon der Garnisonskommandant mit seinen Soldaten in das Gästehaus und packte den vermeintlichen Xuanzang am Arm. „Seid Ihr der Mönch aus dem Orient? Kommt mit mir!" Und er ließ ihn wegführen. Kaum hatte er die Audienzhalle betreten, rief der falsche Xuanzang laut: „Eure Hoheit, warum lasst Ihr mich festnehmen und zu Euch bringen?" Der König sagte mit einem Grinsen: „Ich habe dich lediglich zu mir gebeten, um von dir etwas zu leihen, was mir als Ingredienz dienen kann." Der getarnte Mönch tat so, als ob er nichts von der bösen Absicht wüsste und erkundigte sich, was der Monarch denn von einem armen Pilger wie ihm brauchen könne. Der alte Daoist fuhr dazwischen: „Er benötigt dein schwarzes Herz!" Ohne zu antworten nahm Wukong in Gestalt des Pilgers einem der diensthabenden Eunuchen sein scharfes Messer aus dem Gürtel, öffnete seine Toga und stach sich das Messer in die Brust. Daraufhin fielen mehrere Herzen aus seinem Brustkorb, die jedoch alle rot waren. Der verwandelte Sun Wukong hielt sie den Beamten und Generälen zur Überprüfung hin. Diese waren schockiert und trauten sich nicht, einen Blick auf die Eingeweide zu werfen. Auch der Monarch schrie: „Nimm deine Herzen weg!" Wukong hatte nun genug von der ganzen Vorstellung, er beendete seine Zauberei, zeigte sein wahres Gesicht und seine ursprüngliche Gestalt und brüllte den König an: „Du, törichter Herrscher! Wir Buddhisten haben nur gute Herzen. Dein sogenannter Schwiegervater dagegen besitzt ein solch schwarzes Herz. Das hole ich ihm jetzt heraus!" Der alte Daoist erkannte Wukong, den Affenkönig, der vor fünfhundert Jahren den himmlischen Hof auf den Kopf gestellt und alle himmlischen Generäle und Soldaten in Angst und Schrecken versetzt hatte. Panikartig ergriff er die Flucht, indem er auf eine schwarze Wolke stieg und in Windeseile zum Himmel emporflog. Aber Wukong ließ ihn nicht aus den Augen, zog sich seine Nadel aus dem Ohr, verwandelte sie in eine schwere Eisenstange und rief dem Daoisten nach: „Warte, jetzt bekommst du dies hier zu spüren!“ Dann machte er seinen Wolkenüberschlag und raste hinterher. Hoch in der Luft kam es zu einem Kampf, den die Hofbeamten bang verfolgten. Dem Angriff des starken Affenkönigs allerdings war der „Königliche Schwiegervater" mit seinem drachengeschmückten Wanderstab nicht gewachsen. Schnell verwandelte er sich in einen kalten Lichtstrahl und sauste zurück in die inneren Gemächer des Palastes. Als Wukong hinter ihm auf der Erde landete, sah der Affenkönig gerade noch, wie der Daoist und die attraktive Schönheit als zwei kalte Lichter entschwanden.

Wukong brach die Verfolgung ab und ging in die Audienzhalle. Dort warfen sich die Hofbeamten vor ihm auf die Knie und baten um Verzeihung, dass sie ihn, den himmelsebenbürtigen großen Heiligen, nicht erkannt hatten. Wukong erwiderte: „Hört auf mit eurer Schmeichelei! Führt mich zu eurem Monarchen, schauen wir nach, ob er nicht von seiner sauberen Schönheit auch noch entführt worden ist.“ In diesem Moment trat der König, gestützt von mehreren Eunuchen, aus dem Hinterzimmer hervor, in dem er sich versteckt hatte.

Nun berichteten ihm seine Bediensteten, dass der „Königliche Schwiegervater" in Wahrheit ein Dämon und Hexenmeister sei. Er sei von dem göttlichen Mönch besiegt worden, hatte jedoch in letzter Sekunde mit der jungen Schönheit flüchten können. Der Monarch verbeugte sich vor Wukong und fragte ihn, wieso er Gesicht und Gestalt geändert habe. Wukong lachte: „Weil du auf die Irrlehre des dämonischen Daoisten reingefallen bist und das Herz meines Meisters holen wolltest, habe ich mit ihm die Gestalt getauscht, um ihn vor Schaden zu bewahren". Da bat der König eindringlich um Entschuldigung und ließ Xuanzang mit seinen beiden anderen Begleitern zu sich bringen. Als der affengesichtige Mönch mit Bajie und Sha Seng ankam, ging Wukong auf sie zu, blies Xuanzang an und rief: „Verwandlung!" Im selben Moment erhielt der Mönch seine wahre Gestalt zurück. Nachdem alle Platz genommen hatten, fragte Wukong den König, ob er wisse, woher seine „Schönheit" gekommen sei. Wenn man sie festnähme, käme man bestimmt dem „Königlichen Schwiegervater" auf die Spur. Und den müsse man ein für alle Mal aus der Welt schaffen. Der Monarch errötete und erzählte, dass er von ihr erfahren habe, sie stamme aus dem Dorf Qinghua, das siebzig Kilometer südlich der Hauptstadt liege.

Sogleich bat Wukong den Eber Bajie mit ihm dorthin zu gehen. Dieser meinte, er käme zwar gerne mit, sei aber viel zu hungrig, um zu kämpfen. Der Monarch ließ sofort ein Festessen mit vegetarischen Gerichten für die Pilger auftischen. Nachdem Bajie wie ein hungriger Wolf dutzende Leckerbissen verschlungen hatte, war er zufrieden, schulterte seine Harke und flog mit Wukong davon.

Nach einer kurzen Weile erreichten die beiden den beschriebenen Ort. Von dem erwähnten Dorf war jedoch weit und breit nichts zu sehen. Wukong murmelte einen Zauberspruch und rief damit den lokalen Schutz- und Erdgeist herbei. Von diesem erfuhren Wukong und Bajie, dass Qinghua kein Dorf, sondern eine Grotte sei, in dem das Ungeheuer hauste, und auch, wie sie dorthin gelangen konnten. Schließlich fanden sie zwar die Grotte , doch hatte diese keinen Eingang. Nur eine Felswand ragte vor ihnen in die Höhe. Doch auch da wusste der gute Geist einen Hinweis zu geben. Wukong hieß Bajie Wache halten und lief dreimal im Uhrzeigersinn um die große Trauerweide, die neben der Felswand stand, und danach dreimal in entgegengesetzter Richtung. Dann rief er: „Öffne dich!" Daraufhin erschien eine Doppeltür, die sich langsam öffnete. Wukong sprang hinein und entdeckte auf einer Steinsäule die Inschrift „Höhlenresidenz der reinen Blüte". Er schlug seine Eisenstange mit voller Wucht dagegen und die Säule zersprang in tausend Stücke. Dann rannte er in die Tiefe der Grotte. Da saß der alte Daoist, die Schönheit auf seinem Schoß, und erzählte ihr, was im Audienzsaal vorgefallen war. Wukong hörte ihn jammern: „Schon in den nächsten Tagen hätten wir die Unsterblichkeit erreichen und das Land verlassen können, wenn wir die Herzen der Kinder hätten essen können. Unser ausgeklügelter Plan ist nur an diesem boshaften Affen gescheitert!" Als Wukong dies hörte, geriet er in Wut, stürmte auf den Daoisten zu und rief: „Du niederträchtiges Ungeheuer, meine Eisenstange soll mit dir sprechen." Als dieser sah, dass Wukongs Stange auf seinen Kopf zusauste, stieß er die Schönheit zur Seite und ergriff seinen Wanderstab, um den Schlag abzuwehren. Dann stürzte er zum Grottenausgang. Doch zu seinem Entsetzen wartete hier Bajie, der sofort begann, mit seiner Harke wild um sich zu schlagen. Da wurde es dem Dämon zu viel und wieder wandte er seinen Trick an und verwandelte sich in einen kalten Lichtstrahl, der nach Osten entschwand. Wukong und Bajie gaben selbstverständlich nicht auf und jagten hinterher. Aber der Strahl verschwand plötzlich, und es erschallte der Schrei eines Kranichs. Die Gottheit der Langlebigkeit, Nanji Xianweng, der auch der Alte vom Südpol genannt wird, war aufgetaucht und hatte den Lichtstrahl gefangen. Nun rief Nanji den beiden Verfolgern aus der Ferne zu: „Himmelsebenbürtige große Heilige, lasst Euch Zeit! Ich warte hier höflich auf Euch." Nachdem Wukong und Bajie angekommen waren, sagte der Affenkönig zur Gottheit: „So, du bist es also, alter Kerl! Es sieht so aus, als ob du das Ungeheuer fest im Griff hättest." Der Unsterbliche antwortete kleinlaut: „Ja, das schon, aber ich möchte Euch bitten, es am Leben zu lassen. Denn eigentlich ist der falsche Daoist eines meiner Reittiere, das mir entlaufen und zu einem Dämon geworden ist." Dann wandte er sich an das Ungeheuer in seiner Hand: „Gemeines Vieh, warum zeigst du noch immer nicht dein wahres Gesicht?" Der Dämon sank zu Boden, rollte im Staub herum, und als er wieder aufstand, erschien er in der Gestalt eines weißen Hirsches. Wukong kannte ihn schon von früher. Er sprang in die Höhe und schimpfte mit dem Alten vom Südpol: „Du Lump hast die Aufsicht vernachlässigt, so konnte diese Bestie so lange auf der irdischen Welt schalten und walten. Beinahe hätte sie mehr als eintausend Kinder umgebracht. Was glaubst du, für eine Strafe zu verdienen?" Die Gottheit wagte nicht, ihm zu widersprechen, lächelte ihn reumütig an, entschuldigte sich nochmals bei Wukong und Bajie und wollte sich schnell verabschieden. Aber Wukong packte ihn am Arm und hieß ihn in die Hauptstadt Bhiksu mitkommen, damit der Monarch den „Königlichen Schwiegervater" in seiner wahren Gestalt kennenlernen konnte. Als sie wieder an der Grotte vorbeikamen, ging Bajie noch einmal hinein und jagte die Schönheit heraus. Als sie ins Freie flüchtete, begegnete sie dem Affenkönig, der mit seiner Stange auf sie einschlug. Da fiel sie in den Staub und verwandelte sich zur Verblüffung aller in einen weißen Fuchs. Bajie kam wutschnaubend aus der Grotte, sah den Fuchs und erschlug ihn mit seiner Harke. „Den Pelz dieses Sündentieres nehmen wir mit und zeigen ihn dem verblendeten König", sagte Wukong, und zu dem Alten vom Südpol gewandt meinte er: „Noch einen Moment Geduld. Ich muss diese Behausung der Dämonen zerstören, damit sie nicht von anderen Artgenossen wieder benutzt wird", und machte sich ans Werk. Nach der Zerstörung der Grotte ließ Wukong Bajie den toten Fuchs tragen, während er die Gottheit Nanji nicht losließ, und so flogen sie gemeinsam zum Palast zurück.

Als sie von ihren bunt glänzenden Wolken herabstiegen, waren der König und seine Untertanen sprachlos vor Staunen. Alle warfen sich auf die Knie und machten unzählige Verbeugungen der Ehrerbietung vor den Dreien. Wukong lachte, zeigte auf den Hirsch und den Fuchs und sagte zum König: „Eure Hoheit braucht uns nicht anzubeten, sondern diese dort, seht sie euch an, euren „Königlichen Schwiegervater" und eure Schönheit!" Der König errötete und Wukong sagte mit ernster Miene: „Es ist ein großes Glück, dass wir rechtzeitig hier eingetroffen sind. Künftig möge Eure Hoheit besser überlegen, wie sie handelt. Haltet Eure Gelüste im Zaum, tut Gutes an eurem Volk, dann werdet Ihr auch nicht krank und ein langes Leben ist Euch gewiss." Anschließend stellte er dem Monarchen den Unsterblichen vom Südpol vor. Die Gottheit schenkte dem König einen Wunderpilz, mit dem dieser seine Gesundheit wiederherstellen konnte, verabschiedete sich und ritt auf seinem Hirsch davon. Der König war sehr erleichtert und fragte Wukong, was mit den verschollenen Kindern geschehen sei und ob man sie wiederfinden könne. Wukong lächelte und rief die guten Geister an, worauf sich ein starker Wind erhob, der die Kinder zurückbrachte. Der König ließ die Eltern holen, damit sie ihre Kinder in der riesigen Schar finden und in die Arme schließen konnten. Da war die ganze Stadt auf den Beinen, es flossen viele Freudentränen und großer Jubel brach aus. Alle bedankten sich bei den Pilgern. Diese aber verabschiedeten sich gerührt, nahmen ihre Bündel wieder auf und zogen weiter nach Westen.

Zu den Hintergründen

Sun Wukong, der Affenkönig, ist mit Abstand die schillerndste und zwielichtigste Figur in der großen Galerie der chinesischen Geister, Gottheiten und anderer unsterblicher Wesen. Jedes Kind in China kennt ihn aus Märchen, Filmen oder aus Comics. Der Affenkönig ist mutig, trickreich, respektlos und ungestüm. Ein Rebell, ein Halbgott, der die höchsten Götter herausfordert und ihnen etwas abringt oder stiehlt. Er ist eine typische „Tricksterfigur". Ähnliche Figuren in der griechischen Mythologie sind etwa Prometheus, der die Götter betrügt, das Feuer vom Himmel stiehlt und den Menschen gibt. Auch Loki aus der nordischen Mythologie gehört in die Kategorie der Tricksterfiguren. C. G. Jung schreibt dazu: „Der Trickster ist ein kosmisches Urwesen göttlich-tierischer Natur, dem Menschen einerseits überlegen aufgrund seiner übermenschlichen Eigenschaften, andererseits unterlegen wegen seiner Unvernunft und Unbewusstheit. Auch dem Tiere ist er nicht gewachsen, wegen seiner bemerkenswerten Instinktlosigkeit und Ungeschicktheit. Diese Defekte kennzeichnen seine menschliche Natur, welche den Umweltbedingungen schlechter angepasst ist als ein Tier, dafür aber die Anwärterschaft auf eine viel höhere Bewusstseinsentwicklung, das heißt eine beträchtliche Lernbegierigkeit besitzt, welche auch durch den Mythos gebührend hervorgehoben wird."

Sun Wukong hat einst dem Drachenkönig seine stärkste Waffe abgetrotzt, eine schwere Eisenstange, die der Affe wie kein anderer zu schwingen weiß. Damit ist er sogar in den Himmel eingedrungen, hat die himmlische Ordnung durcheinandergebracht und heftigen Tumult ausgelöst. Wildgeworden, ist er von keiner Macht zu bändigen. Trotz seiner vielen Übeltaten verzeihen ihm die Götter immer wieder und versuchen, ihn in die Ordnung der Welt einzubinden, indem sie ihm hochrangige Posten verschaffen und wichtige Aufgaben übertragen. Aber immer wieder schlägt der Affe über die Stränge.

Schließlich wird er von Buddha selbst für 500 Jahre unter einem Berg gebannt.
Die hier erzählte Geschichte ist eine Episode aus dem legendären Roman "Die Reise in den Westen". Sun Wukong spielt darin eine – wenn nicht die – Hauptrolle, und seine Untaten aus vorgeschichtlicher Zeit sind darin ausführlich beschrieben. Die Figur des Affenkönigs ist also älter, sie taucht in vielen Legenden auf. In dem Roman wird er von Bodhisattva Guanyin, der Göttin der Barmherzigkeit, aus seiner Gefangenschaft befreit und von den Göttern dazu verpflichtet, den Mönch Xuanzang auf seiner abenteuerlichen Reise zu den buddhistischen Lehren zu begleiten und zu beschützen, was er auf vielfältige Weise und ideenreich tut. Das wird in der oben erzählten Geschichte beispielhaft deutlich, ebenso wie seine Respektlosigkeit gegenüber den Göttern und anderen Autoritäten. Es ist interessant, dass der Affenkönig in der chinesischen Mythologie nicht dämonisiert wird, sondern ein bewunderter Held ist. Einerseits ist er ein leuchtendes Beispiel dafür, dass man in der Hierarchie der Geister und Gottheiten auch durch Mut, Draufgängertum, Kraft und List aufsteigen kann, also unter Umgehung der unendlichen Übungen zur Vervollkommnung der Seele. Aber er wird andererseits in dem von Buddhismus und Daoismus geprägten Roman auch vom „System" eingefangen und gezwungen, den mühsamen Weg zumindest mitzugehen. Er selbst macht auf dieser Reise dann auch eine Entwicklung durch. In den heutigen Filmversionen deutet freilich nicht viel auf den geistigen Gehalt der Figur des Affenkönigs hin. Dort ist er in erster Linie ein wendiger Kämpfer, der mit allen Wassern gewaschen ist.

DER GELEHRIGE DAOISTEN-SCHÜLER

Wie ein junger Beamter bei einem daoistischen Meister magische Fähigkeiten erlernen will, und wie es ihm dabei ergeht

Wang Sheng war ein kleiner Beamter in einer kleinen Grafschaft, aber er interessierte sich von klein auf sehr für den Daoismus. Insbesondere bewunderte er die Kunst der Magie, die man als Daoist erlernen konnte. Eines Tages hörte er von einem sagenumwobenen Kloster im Laoshan-Gebirge, wo angeblich daoistische Magier lebten und an ihrer geistigen Vervollkommnung arbeiteten. Da beschloss er, seine sieben Sachen zu packen und machte sich auf, um das Kloster zu suchen, in der Hoffnung, wenigstens die eine oder andere magische Fähigkeit erwerben zu können. Er stieg auf die höchsten Gipfel des Gebirges und fand dort schließlich eine Klosteranlage, die in einer zauberhaften Umgebung lag. Im Hof des Klosters saß ein uralter daoistischer Priester mit langen weißen Haaren, weißem Bart und funkelnden Augen auf seiner Sitzmatte. Wang Sheng trat näher und grüßte ihn ehrfurchtsvoll. Die beiden begannen ein Gespräch, wobei Wang Sheng nur wenig von dem verstand, was der alte Meister von sich gab. Doch er meinte, das sei gewiss ein gutes Zeichen, denn von diesem weisen Mann könne er bestimmt viel ler-

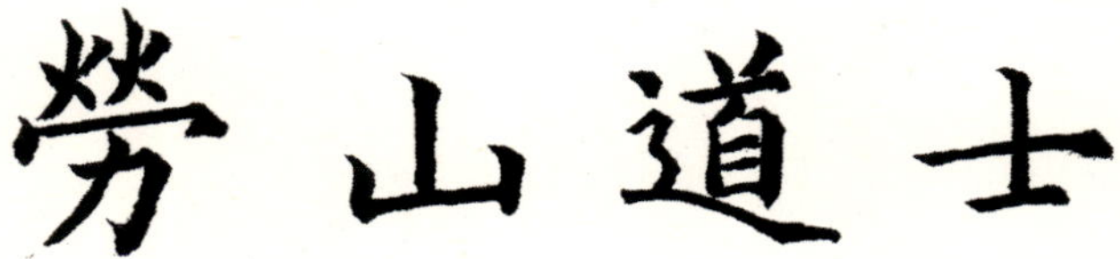

nen. Also bat er den Priester, ihn als seinen Schüler aufzunehmen. Dieser schwieg einen Augenblick und sagte dann, er fürchte, dass Wang die Entbehrungen eines Mönchslebens und die harte Arbeit im Kloster auf Dauer wohl kaum werde ertragen können, da er vermutlich sehr an das wohlhabende und gemütliche Leben eines Beamten gewöhnt sei. Wang widersprach ihm eifrig und schwor, dass er jede Härte und Belastung klaglos über sich ergehen lassen werde. Da gab der Alte nach, machte Wang Sheng mit seinen anderen Schülern bekannt und ließ ihn in das Kloster ein.

Am nächsten Morgen rief der Meister Wang Sheng zu sich, gab ihm eine Axt und ließ ihn mit anderen Dao-Schülern Brennholz schlagen. Wang Sheng nahm diese Aufgabe ehrfurchtsvoll an. Er meinte, dass sein Geist nun von Tag zu Tag wachsen werde. Doch nach einem Monat bemerkte er, dass nichts als dicke Schwielen an seinen Händen und Füßen gewachsen waren. Er begann zu zweifeln, ob er die Härten des Klosterlebens noch lange würde ertragen können und überlegte heimlich, wie er wieder nach Hause gelangen könnte.

Am selben Abend kehrte er zum Kloster zurück und sah zwei Gäste zusammen mit seinem Meister am Tisch sitzen und trinken. Die Schüler liefen umher und bedienten sie. Es war schon spät, aber es wurden keine Kerzen angezündet. Stattdessen nahm der Meister ein Blatt Papier, schnitt daraus eine große runde Scheibe und klebte diese an die Wand. Kaum hing sie dort, verwandelte sich das Papier in einen hellen Vollmond und beleuchtete den gesamten Raum. Wang Sheng war beeindruckt. Da sagte einer der Gäste zu den Schülern: „Diesen schönen Abend solltet ihr mit uns gemeinsam genießen." Er nahm den Weinkrug vom Tisch, überreichte ihn den Schülern und forderte sie auf, so viel Wein zu trinken, wie sie nur wollten, um ihre Trinkfestigkeit einmal richtig zu prüfen. Wang

Sheng dachte bei sich, was für ein Unsinn das sei, wie sollte denn ein Krug Wein für ein Dutzend Personen reichen? Daher drängte er sich mit seinem Becher nach vorn, um wenigstens ein bisschen von dem kostbaren Getränk zu ergattern. Doch zu seiner großen Verwunderung floss auch nach der ersten Runde weiterhin Wein aus dem Krug, und die Gesellschaft der Jungen wurde immer fröhlicher. Kurz danach sagte der andere Gast zum Priester: „Es ist schön von dir, uns Mondschein gespendet zu haben, aber mir wird es etwas langweilig, wenn wir nur unter uns Männern dasitzen und Wein trinken. Warum laden wir nicht die Mondfee Chang E ein, zu uns herunter zu kommen und uns ein wenig zu unterhalten?“ Geschickt und mit Schwung warf er eines seiner Essstäbchen zum Mond hin. Und sogleich sahen die verwunderten Schüler eine bildschöne Frau vom Mond herab in Richtung des Klosters schweben. Anfangs schien sie kaum einen Fuß groß, als sie aber den Boden berührte, hatte ihr Körper die Größe eines Menschen.
Die Fee in ihrem prachtvollen Gewand begann sogleich, den klassischen Nishang-Tanz aufzuführen, einen Tanz aus der Tang-Zeit. Dabei wiegte sie ihre schlanke Taille und ihren wunderschönen Hals anmutig im Rhythmus und sang dazu: „Ihr Unsterblichen, ach, ihr kommt wieder hierher auf die Erde, warum habt ihr mich nur im einsamen Mondpalast eingesperrt und erst jetzt herausgelassen?“ Ihr Gesang klang wie kunstvolles Flötenspiel, und in vollständiger Harmonie bewegte sie ihren zarten Körper dazu im Kreis. Doch plötzlich sprang sie mit einem Satz auf den Tisch, und während Wang Sheng und die anderen jungen Daoisten sie noch staunend betrachteten, verwandelte sich die schöne Frau wieder in ein Essstäbchen und flog davon. Der Meister und seine Gäste lachten laut und herzhaft. Da wandte sich der erste Gast an den Meister und den zweiten Gast und sagte: „Ich bin äu-

ßerst glücklich heute Nacht, und, obwohl ich schon beinahe betrunken bin, hätte ich noch eine Bitte an euch beide. Begleitet mich doch zum Mondpalast, damit wir uns bei Chang E bedanken und uns bei ihr dafür entschuldigen, dass wir sie hergebeten haben, ohne sie vorher zu fragen. Und trinken können wir auch dort oben. Ohne ein weiteres Wort zu verlieren, standen die drei vom Tisch auf und stiegen vor den Augen ihrer verblüfften Schüler allmählich immer höher zum Mond hinauf, als wäre dies die selbstverständlichste Sache der Welt. Die Schüler blickten ihnen mit offenem Mund hinterher und nach kurzer Zeit konnten sie sehen, wie die drei dort oben im Mondlicht saßen, lachten und tranken.

Nach einer Weile wurde das Mondlicht trüb und verblasste, bis es schließlich ganz erlosch. Die Schüler zündeten Kerzen an und sahen, dass der Meister jetzt wieder alleine am Tisch saß, auf dem immer noch Teller und Becher standen. Von den Gästen war keine Spur mehr zu sehen. Der Mond an der Wand war wieder nichts anderes als ein rundes Stück Papier. Der Priester fragte seine Schüler: „Habt ihr genug getrunken?" Alle antworteten: „Ja, mehr als genug." Da forderte er sie auf: „Dann geht ins Bett, damit ihr morgen zeitig an der Arbeit seid!" Die Schüler verabschiedeten sich und zogen sich murrend zurück. Wang Shengs Herz hüpfte vor Freude, nun hatte er endlich die große daoistische Magie gesehen, nach der er so lange gesucht hatte. Die Idee, bald nach Hause zu gehen, verwarf er und schlief voller Zuversicht ein.

Ein weiterer Monat verging, jedoch ohne, dass ihm der Meister irgendeine magische Fähigkeit beigebracht hätte. Wang Sheng konnte nun die Härten des Klosteralltags wirklich nicht länger ertragen und auch seine Enttäuschung über seine ausbleibenden Fortschritte nicht mehr unterdrücken. Er stellte sich vor den Meister und sprach: „Ich, Euer treuer Schüler, habe weder die lange Wanderung von zu Hause bis hierher, noch die Anstrengungen gescheut, um von Euch zu lernen. Selbst wenn Ihr mich nicht in das Wissen, wie die Unsterblichkeit zu erlangen ist, einweihen wollt, so hättet Ihr mich doch wenigstens ein wenig Magie lehren können, das hätte mich getröstet. Aber jetzt sind seit meiner Ankunft mehr als zwei Monate vergangen, in denen ich von früh morgens an Holz fällen musste und abends erschöpft ins Bett sank. Zu Hause hätte ich ein bequemes und unterhaltsames Leben gehabt." Der Priester lächelte und sagte: „Ich habe von vornherein vermutet und dir auch gesagt, dass du die Härten und Entbehrungen auf dem Berge nicht ertragen kannst. Nun hat sich mein Wort als richtig erwiesen. Morgen darfst du nach Hause gehen." Wang Sheng erwiderte: „Könntet Ihr mir nicht angesichts der Tatsache, dass ich, Euer Schüler, so viele Tage hier fleißig gearbeitet habe, ein ganz klein wenig Magie beibringen? Dann wäre meine Reise nicht umsonst gewesen." Der Priester fragte: „Was wolltest du denn lernen?" Wang Sheng sagte: „Oft habe ich gesehen, dass Ihr einfach durch die Klostermauer hindurchgeht, ohne die Tür zu benutzen, als ob die Mauer für einen Meister wie Euch überhaupt nicht existierte. Ich wäre wunschlos glücklich, wenn ich mir diesen Zauber aneignen könnte." Der Priester lächelte und nickte. Er begleitete Wang Sheng nach draußen in den Klosterhof, lehrte ihn einen geheimen Spruch, ließ ihn diesen mehrmals leise wiederholen und befahl dann: „In die Mauer gehen!" Wang Sheng schritt langsam auf die Hausmauer zu, doch es öffnete sich kein Durchgang und er stieß dagegen. Der Priester wiederholte den Spruch und erklärte ihm das notwendige Vorgehen: „Verbeuge dich erst und laufe dann schnell auf die Mauer zu, zögere nicht!" Wang Sheng wollte sich nicht recht trauen, aber der Meister hieß ihn Mut fassen und es nochmals versuchen: „Dir wird nichts Schlimmes passieren." Dieses Mal machte Wang Sheng ein paar Schritte rückwärts und lief mit voller Wucht auf die Mauer zu – und glatt durch sie hindurch. Es hatte tatsächlich geklappt! Er stand plötzlich im Haus, ohne irgendein Hindernis gespürt zu haben. Auf dieselbe Weise gelangte er auch wieder nach draußen. Wang Sheng war glücklich und bedankte sich herzlich bei seinem Meister. Als er sich verabschiedete, warnte ihn der Priester davor, die erlernte Magie zu missbrauchen oder gar damit zu prahlen. Wang Sheng bekam vom Priester etwas Reisegeld und kehrte heim. Zu Hause angekommen, machte er sich gleich wichtig und gab an, dass er bei einem daoistischen Unsterblichen unvergleichliche magische Fähigkeiten erlernt habe. Ihn könne nämlich keine Mauer mehr aufhalten, wie stark sie auch sein möge. Weil seine Frau ihm das nicht glauben wollte, sah er sich gezwungen, ihr seinen Zauber vorzuführen. Er wiederholte genau das, was er unter der Anleitung seines Meisters gemacht hatte. Er maß ein paar Schritte Entfernung vor der Hausmauer ab, stellte sich hin, verbeugte sich und rannte von dort aus mit hoher Geschwindigkeit auf die Mauer zu. Als sein Kopf dagegen prallte, fiel er prompt zu Boden. Seine Frau half ihm wieder auf die Beine, doch als sie die riesige Beule auf seiner Stirne sah, konnte sie ihr Lachen nicht unterdrücken. Wang Sheng wurde schamrot im Gesicht und geriet in Wut. Er schimpfte auf den daoistischen Priester, diesen hinterhältigen Kerl, und verfluchte ihn laut.

Zu den Hintergründen

Diese Geschichte ist ein Schwank, der sich über Menschen lustig macht, die meinen, man könne auf die Schnelle die höheren Stufen der geistigen Vervollkommnung erklimmen, ohne sich dafür besonders anstrengen zu müssen. Das Motiv, dass Menschen, Geister, Dämonen oder Halbgötter versuchen, durch besondere Elixiere, durch Trickserei, durch Magie oder durch den Raub der Früchte der Erkenntnis den langen beschwerlichen Weg zur Unsterblichkeit abzukürzen, kommt in vielen chinesischen Geschichten vor. Diese kleine Episode macht sich außerdem über das kleinkarierte Denken dieses Beamten lustig, der eigentlich nur an Zaubertricks, nicht aber an den tiefgreifenden Lehren der daoistischen Philosophie interessiert ist. Obendrein ist er ein Wichtigtuer, und verweichlicht, wie er ist, hält er es nicht länger als zwei Monate in dem Kloster aus. (Siehe auch die Hintergrundinformation zum Märchen „Die Orchidee", wo noch etwas zum Daoismus gesagt wird.)

ÜBER DIE AUTOREN

Min Wang

Germanist, emeritierter Professor der Nanking Universität

Während meiner Studienzeit und Lehrtätigkeit als Linguistik-Professor an meiner Heimatuniversität habe ich zwar auch publiziert, aber noch nie ein literarisch-erzählendes Werk verfasst. Von Franz König ermutigt, habe ich 22 repräsentative Mythen und Märchen aus China, die ich in meiner Kindheit bzw. Jugendzeit gehört, gelesen und meinen Mitmenschen gern nacherzählt habe, auf Deutsch niedergeschrieben. In diesem Sinne kann Franz König als der geistige Vater des Buches gelten. Als Nicht-Muttersprachler mangelt es mir aber manchmal an Gefühl für die Finessen der deutschen Sprache und ich benutzte unvermeidlich ungebräuchliche oder altmodische Formulierungen. Glücklicherweise standen mir Franz König und Felix Winter als Sprachwissenschaftler und Märchenexperte permanent zur Seite, indem sie nicht nur die Texte mehrmals fein poliert und gebürstet, sondern mir auch im Hinblick auf die Erzählweise gute Ratschläge gegeben haben. Felix Winter und ich haben zu jedem Text Hintergrundinformationen verfasst, die einem tieferen Verständnis der Texte und ihrer kulturellen Bedeutung dienen. Die Arbeit an diesem Buch hat mir große Freude bereitet und mich persönlich sehr bereichert.

Kontakt: mindrwang@hotmail.com

Franz König

Germanist, Historiker

Auf meiner vierwöchigen Chinareise im September 2016 von Chengdu über Wudangshan, Hangzhou und Suzhou nach Shanghai hatte ich das große Vergnügen, Prof. Wang kennen zu lernen. Als zweisprachiger Führer der von der medizinischen Gesellschaft für Qigong Yangsheng organisierten Reise, unterhielt uns Min Wang regelmäßig mit verschiedensten Erzählungen aus dem unerschöpflichen Schatz der chinesischen Kultur. Faszinierend war für mich der Gegensatz zwischen der teilweise völlig andersartigen Figuren- und Mythenwelt und den immer wieder aufblitzenden Parallelen zu den abendländischen Götter- und Heldensagen. Das war eine enorme Bereicherung, da mich seit meiner Kindheit eine große Begeisterung für Mythologie gepackt hatte. Min Wangs höchst unterhaltsame Erzählweise brachte mich als Germanisten und Historiker auf die Idee, ihm vorzuschlagen, eine Sammlung seiner Erzählungen schriftlich festzuhalten und zu publizieren. Erfreulicherweise konnte ich Felix Winter als profunden Kenner europäischer Märchenliteratur für die Mitarbeit gewinnen.

Kontakt: ffjkoenig@bluewin.ch

Felix Winter

Psychologe, Erziehungswissenschaftler, Märchenexperte

Vor der Arbeit an diesem Buch wusste ich noch kaum etwas über China und seine Märchen- und Götterwelt, aber die Beschäftigung damit hat mich dann gepackt und dazu geführt, dass ich mir eine kleine Bibliothek einschlägiger Literatur und auch einige der klassischen Romane zugelegt und einverleibt habe. Das hat mir viel Freude bereitet. Es war spannend, sich auf unbekanntes, aber definitiv schönes Gebiet vorzuwagen. Allerdings vermute ich, dass ich bislang erst ein paar einzelne, herausragende Punkte im weiten Gelände zu sehen bekommen habe. Immerhin konnte ich aber im Vergleich zur europäischen Märchenwelt Unterschiede und Ähnlichkeiten feststellen, die mir auffällig waren. Und zum Glück konnte ich meine Vermutungen und Einsichten jeweils von Min Wang prüfen lassen. Ansonsten habe ich mich an dem Buch dadurch beteiligt, dass ich manche Stellen seiner wunderbaren Texte bearbeitet habe. Auch das war eine Tätigkeit, die mir stets Freude bereitet hat.

Kontakt: felix_winter@bitel.net